수 필

수필

피천득

차 례

서문 • 피천득 선생님을 기리며 / 박완서 · 9
피천득 론 • 금아 선생의 수필 / 김우창 · 13

그날 · 29
인연 · 34
찰스 램 · 39
비원秘苑 · 42
서영이와 난영이 · 45
순례巡禮 · 49
수필 · 55
종달새 · 58
봄 · 61
오월 · 64
가든 파티 · 66
시골 한약국 · 70
엄마 · 72

나의 사랑하는 생활 · 77

멋 · 81

반사적 광영 · 84

피가지변皮哥之辯 · 88

이야기 · 92

잠 · 96

낙서落書 · 101

술 · 105

보스턴 심포니 · 111

장난감 · 113

눈물 · 115

호이트 콜렉션 · 118

기행소품 · 120

플루트 연주자 · 123

시집가는 친구의 딸에게 · 125

황포탄의 추석 · 129

유순이 · 131

구원의 여상 · 137

토요일 · 141

송년 · 144

장수 · 147

만년 · 149

여성의 미 · 151

선물 · 154

여성의 편지 · 158

가구 · 160

맛과 멋 · 162

서영이에게 · 164

서영이 · 167

딸에게 · 171

도산 · 174

춘원 · 177

로버트 프로스트 I · 181

은전 한 닢 · 185

유머의 기능 · 188

해설 : 피천득의 수필세계 / 차주환 · 190

　　　떠남과 보냄의 미학 / 정진권 · 209

　　　꽃나무의 소유설 / 박연구 · 236

연보 · 240

작품 연보 · 242

 서문

피천득 선생님을 기리며

박완서 | 작가

　선생님 생전에도 그러했지만 돌아가신 후에도 나는 선생님이 나를 특별히 좋아하셨다고 믿고 있다. 아닐지도 모르지만 그렇게 생각하면 기분이 좋아진다. 나는 박애보다도 편애를 좋아하는데 아마 선생님도 그러실 걸, 내 멋대로 생각하고 즐거워하고 있다.
　글을 통해 아는 것 말고, 선생님을 알고 지낸 게 언제부터였는지는 잘 생각나지 않는다. 무슨 모임 같은 데서 아는 체를 해주시면 고맙고 눈도장도 찍지 못하였다고 해도 서운할 것도 없는 어려운 분이셨다. 그러다 뜻밖에 선생님의 초대를 받게 되었는데 밖에서도 아니고 선생님 댁에서 저녁인지 점심인지 먹자고 하셨다. 그러니까 그때가 내가 아들을 잃고 두문불출 대인기피증을 극복 못하고 있을 때였다. 나를 위로한답시고 누가 불러내는 건 질색이었는데 선생님의 초대엔 기꺼이 응했다. 상투적인 위로를 하실 분이 아니라는 걸 알고 있기 때문이었다.

 점심상은 김치하고 물만두가 전부였는데 사모님에 대한 선생님의 배려가 느껴져서 앉은 자리가 편안해졌다. 내가 술을 좀 한다는 걸 어떻게 아셨는지 최고급 양주를 내오셨다. 당신은 술 마시는 분위기를 좋아할 뿐 한 방울도 못 한다고 하셨다. 밖도 아니고 댁인데 조금 취하신들 어떠랴싶어 권해봤더니 젊었을 적에 강권에 못 이겨 입에 대기만 했는데 그 자리에서 정신을 잃은 적이 있다는 얘기를 하셨다. 더는 권하지 않았다.

 알코올 분해 능력이 뛰어난 여자와 알코올 분해 능력이 제로인 선생님과의 기묘한 술자리는 의외로 편안해서 나는 홀짝 홀짝 마냥 마셨나보다. 그 동안에 선생님은 위로의 말씀 같은 건 한마디도 안 하셨지만 거나한 취기에 잘 동조해주셨다. 양주를 혼자서 반 병쯤 비웠을 때 양주병을 빼앗고 상을 내가시더니 집 구경을 시켜주셨다. 불필요한 겉치레가 아무것도 없는 썰렁한 집이었다. 서재만이 아기자기했지만 서재라 부르기엔 책이 너무 없었다. 잉그리드 버그만의 사진, 따님의 이름으로 부른다는 서양인형 그런 것들과 오디오기기 등외의 책장이 차지한 공간은 넓지 않은 방의 벽면 반쯤밖에 안 됐던 것 같았다. 당신에게 영향을 끼친, 지금도 가끔 꺼내보고 싶은 최소한의 책만 소장하고 있다고 하셨다. 선생님의 현명한 용기가 부러웠다.

선생님은 나더러 당신의 책 중 아무거나 내가 좋아하는 구절을 읽어달라고 하셨다. 선생님은 술도 안 취했는데 아기처럼 구셨다. 나는 선생님의 수필집 〈산호와 진주〉의 서문을 읽어드렸다. 그게 제일 좋아서가 아니라 서문이었고 짧아서 읽은 거였다. 그 후부터 선생님과 나는 한층 가까워진 것처럼 느꼈지만 순전히 내 느낌일 뿐 선생님은 한결같으셨다. 너무 소원하거나 너무 무람하지 않을 정도의 친분을 유지해왔다.
　선생님이 돌아가신 후 모 텔레비전 방송국에서 선생님 추모방송을 만들면서 나한테까지 인터뷰를 왔다. 이런 저런 선생님 문학에 대한 생각, 특별히 기억나는 에피소드 등, 내가 말해야 할 것들을 미리 일러 주었다. 그러면서 선생님의 수필 중 평소에 좋아하던 게 있으면 그걸 읽으면 어떻겠느냐고 해서 나는 쾌히 승낙했다. 그때 생각이 나서 〈산호와 진주〉를 읽고 싶어서였다. 그걸 읽겠노라고 미리 통고까지 해놓았는데 그 책을 찾을 수가 없었다. 꼭 필요한 한 권의 책을 찾을 수 없는 이 많은 책이 무슨 소용이란 말인가.
　나는 내 수천 권의 책이 천박한 노욕만 같아서 혐오스러웠고, 선생님의 간결한 서가가 그립고 부러웠다. 결국 방송국에서 그 책을 마련해 와서 읽을 수가 있었다. 읽다가 좀 더듬었던가? 방송이 나갈 때 보니 첫 두어 줄만 내 목소리고 나머지는 유명 성우의 목소리로 바뀌치기가 돼 있었다.

성우처럼 매끄럽지는 못해도 선생님에게 내 목소리를 들려드리고 싶었는데…….

선생님은 다작은 아니었고 말년에는 거의 쓰지 않으셨다. 그럼에도 불구하고 나는 선생님이 돌아가실 때까지 현역 수필가였다고 기억하고 있다. 선생님의 생활이 수필처럼 담백하고 무욕하고 깨끗하고 마음가는 대로 자유롭게 사셨기 때문일 것이다. 선생님의 천국 또한 그러할 것이다.

원하는 책을 찾으려면 몇 시간씩 걸려서 아예 사고 만 적도 있는, 내 뒤죽박죽 서재에서 범우에세이 선 중에서 피천득의 《수필》은 내가 집필하는 책상에서 팔만 뻗으면 되는 자리에 꽂혀있다. 글이 안 써져서 심난할 때라든가 뜻대로 안 되는 세상사로 마음이 어지러울 때면 꺼내서 처음부터 읽기도 하고 아무데나 펼쳐보기도 한다. 마음이 가라앉을 뿐 아니라 탁한 마음이 맑아지는 기쁨까지 맛본다. 얇지만 하나도 버릴 것 없는 선생님의 수필집을 새 단장한 개정판이 나온다니 기쁘고 반갑다.

2009년 4월

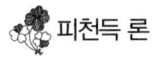피천득 론

금아琴兒 선생의 수필

김우창 | 문학박사 · 평론가 · 고려대 교수

 우리의 눈은 생활의 관심에 따라 넓게도 보고 좁게도 본다. 서울 거리는 세계에서도 으뜸가는 번잡한 곳이지만, 그 번잡함은 지상 여섯 자 내외에서의 일이고, 웬만한 지붕 위에만 올라도 우리는 거리 위에 서려 있는 고요에 놀라게 된다. 우리의 관점을 좀더 높이 우주 공간의 한 점에서 지구를 내려다보는 사람의 그것에 옮겨놓으면, 지구의 번잡한 삶은 완전히 적막 속으로 사라지고 지구 그것도 하나의 죽은 별처럼 보일 것이다. 우주 관측자의 눈에 인간이라는 생물체가 의식된다고 하더라도 그것은 어떤 철학적인 순간이나 천문학적인 순간에 잠깐 명멸하는 생각일 뿐, 대체적으로 지구는 죽은 별과 다름없을 것이다.
 이러한 원근법의 문제는 시간에도 해당된다. 여름의 하루살이가 가을을 모른다는 것은 그래도 칠십을 산다는 사람이 뽐내어 하는 소리지만, 사람도 지질학의 거대한 시간으로 재어볼 때, 순간 속에 생겼다 사라지는 부유浮游의 존재에 불과하다. 물에 뜬 연잎 위를 오고 가는 개미를 보면, 그 개미에게는 연잎이 운동장만치는 크고 든든한 느낌을 줄 것이라는 생각이 든다. 그러나 해마다 홍해의 폭이 5센티미터씩 넓어지고 있다는 사실을 생각하면, 지질학의 연대로 보건대, 아시아 대륙도 개미의 연잎과 별로 다르지 않게 생각될 수도 있다.

우리의 눈을 조금 더 가까운 데로 옮겨가면, 거기엔 세계가 있고 문명의 역사가 있고 또 조국의 강산이 있고 그 위에서 영위되는 민족의 삶이 있다. 역사와 사회는 우리의 나날의 삶을 에워싸고 있는 또 하나의 삶의 큰 테두리다. 이 테두리는 좀더 비근한 것이기는 하지만, 이것도 사람들의 의식 밖으로 쉽게 벗어져 나갈 수 있는 것이기 때문에 삶의 바른 균형을 생각하는 우리의 교사들은 이 테두리의 중요성을 자주 강조한다.

우리가 별을 생각하고 화강암의 역사를 생각하는 것은 그렇게 하는 것이 우리에게 지적知的 만족감을 주고 심미적審美的 쾌감을 주기 때문만은 아니다. 그것은 우리의 삶에 바른 지표를 주고 보일 듯 안 보일 듯 우리의 삶을 형성하는 생물학적 하부구조와 생태환경이 된다. 역사와 사회의 우리 삶에 대한 영향은 현대 한국사의 격동기를 살아온 우리에게는 새삼스럽게 말할 필요도 없는 것이다.

그러나 별만을 쳐다보고 땅 위를 걸어가던 탈레스가 도랑에 빠졌다는 것은 유명한 이야기지만, 허허한 공간의 펼쳐짐과 몇 백만 년의 지질학적 시간만을 생각하면서 산다든지 사회와 역사의 차원만을 유일한 현실로 받아들이면서 산다는 데는 무엇인가 허황스럽고 비인간적인 것이 있다고 생각될 수도 있다. 삶의 큰 테두리들이 아무리 주요한 현실의 조건이 된다고 하더라도 역시 그 현실성은 궁극적으로 우리와 우리 이웃과 우리 후손의 구체적인 삶을 통하여 발생한다. 그리고 이 구체적인 삶은 따지고 보면 오늘 이곳에 영위되는 나날의 삶이다.

바른 원근법으로 볼 때, 우리의 삶을 이루는 여러 세력 가운데 어느 하나만을 특히 중요하다고 말할 수는 없다. 그리고 이러한 세력은 서로 따로 존재하고 있는 것도 아니다. 삶의 참모습을 포착하려는 노력은 자연과 역사와 나날의 삶을 하나의 의식 속에 꿰어 가지려는 노력이다. 문학의 기능도 우리의 눈을 적당한 인간적인 높이에 유지하고 이러한 전체의식을 갈고 닦는 데서 찾을 수 있다. 시대가 험하면 험할수록 우리의 의식은 한 곳으로 치우치고 우리의 눈은 사람다운 높이를 유지하지 못하기 쉽다.

우리는 먼 곳만을 보다가 오늘과 이곳을 잊어버리고 또는 내 코앞만을 보다가 먼 곳의 위협과 아름다움을 잊어버린다. 작은 것에 대한 집착은 우리의 삶 자체를 좁히고 우리로 하여금 많은 것에 둔감하게 하며 모르는 사이에 우리를 커다란 세력의 노리개가 되게 한다. 그러나 작은 것만을 보는 폐단은 오히려 자명하다 할 것이고, 멀고 큰 것 일변도의 추구는 우리로 하여금 공연스레 허황스런 자만심에 들뜨게 하고 멀고 큰 것의 이름으로 엄청난 일을 벌이게 하며, 우리를 스스로의 무력감에 사로잡힌 허깨비 인생을 살게 하기도 한다. 이런 때 작은 것에의 사랑은 그것대로의 폐단을 낳으면서도, 우리를 미치지 않고 살게 하는 유일한 지주支柱가 된다. 아무리 사람이 스스로의 운명을 만드는 존재라고 하더라도 개인적인 삶의 테두리에서 보면 정말 아무것도 할 수 없는 상황이 있고 그런 상황에서 삶의 작은 것들은 우리에게 삶을 견디게 하는 유일한 것이 된다. 한 그릇의 따뜻한 국과 따뜻한 털장화에 대한 관심이 없었더라면, 이반 데니소비치는 강제수용소의 혹독함을 견뎌내지 못하였을 것이다.

금아琴兒 선생의 수필 세계는 나날의 세계다. 그것은 나날의 삶에서 우리가 겪는 작은 일들, 그 중에도 아름다운 작은 일들로 이루어진다. 이것들은 감각적인 기쁨을 주는 작은 일들, "고무창 댄 구두를 신고 아스팔트 위를 걷는" 느낌이라든지 손에 만져지는 "보드랍고 고운 화롯불 재"와 같은 것일 수도 있고 또는 잘못 걸려온 전화에서 들려오는 '미안합니다' 하는 젊은 여성의 목소리가 우리 마음속에 불러일으키는 젊음의 파문일 수도 있고 또는 우리의 평범한 생활 가운데 문득 비쳐오는 보다 넓고 큰 세계의 '반사적 광영'일 수도 있다.

무릇 모든 아름다움은 우리 자신의 삶의 자세에 대응하는 것이다. 금아 선생의 아름다운 것들은 결코 협소한 세계는 아니면서, 선생만의 독자적인 세계를 이룬다. 〈나의 사랑하는 생활〉에 든 많은 것들은 깨끗하고 부드럽고 조촐한 느낌에 대응하는 것들이다. 이것들은 하나의 조그맣게 조화를 이루고 있는 세계의 이미지들이다. 거기에서 요란하고 퇴폐적인 아름다움은 배제된다. 그 나름대로의 건강은 이 세계의 특징이다. 이 점은 금아 선생 자신이 의식하고 있는 것으로써, 〈신춘新春〉에서 노년의 기호에 대하여 말씀하신 것은 사실상 선생의 세계 전체에 해당되는 것이다.

즉, 선생은 바이올린 소리보다는 피아노 소리, 병든 장미보다는 싱싱한 야생 백합, 신비스러운 모나리자보다는 맨발로 징검다리를 건너가는 시골 처녀, "11월 어느 토요일 오후는 황혼이 되어가고 있었다"라는 소설의 배경보다는, "그들은 이른 아침, 바이올렛빛 또는 분홍빛 새벽 속에서 만났다. 여기에서는 일찍이, 그렇게 일찍 일어나야 되었기 때문이었다"는 시간적 배경을 좋아하시는 것이다. 선생은 세상의 모든 것이 그 나름으로서의 값과 몫을 지니고 있는 것으로써, 노년은 노년대로 가을이나 겨울은 또 그러한 계절대로 아름다움을 지니고 있음을 인정하는 너그러움을 잊지 않지만, 아무래도 선생의 찬미의 노래는 젊음과 봄을 기리는 것이다.

그러나 금아 선생의 세계가 깨끗하고 맑은 세계라고 해서 그것이 반드시 도려내고 단순화하는 작용으로 이루어지는 세계는 아니다. 선생이 인생의 어둡고 뒤틀린 것들을 별로 말하지 않는 것은 긍정에의 동경이 너무 강한 때문이지 그러한 것들을 모르기 때문은 아니다. 그러한 것들은 늘 아름다움의 주변에 서려 있는 것으로 파악되면서 아름다움을 더욱 빛내는 배경이 될 뿐이다. 선생의 아름다움에 대한 감각에는 그 아름다움이 덧없는 것이며 끊임없는 소멸의 위험에 있음을 아쉬워하는 마음이 깃들여 있다.

우리는 금아 선생에게 기쁨을 드리는 것이 새로 나온 나뭇잎이라든지 갈대에 부는 바람이라든지 문득 들은 한 가락의 음악이라든지 어떤 여성의 지나가는 미소라든지 가냘프고 스러지는 것들임에 주의한다. 그리고 대부분 이러한 것들은 현재의 것으로보다는 추억의 조각들로 이야기된다. 가냘픈 것들의 추억은 금아 선생의 아름다운 것에 늘 애수가 어리게 한다. 이 애수는 어떤 때는 비창감悲愴感으로 심화되기도 한다. 선생이 신록에 관한 글에서 갑자기 젊은 시절의 외로운 여행을 회상하며,

　득료애정통고得了愛情痛苦

실료애정통고失了愛情痛苦

젊어서 죽은 중국 시인의 이 글귀를 모래 위에 써놓고, 나는 죽지 않고 돌아왔다.

고 할 때, 우리는 신록의 싱싱한 생명이 죽음으로 하여 더욱 찬란해지는 것을 아는 선생의 비극적 인식의 일단을 느낀다.

또 금아 선생의 세계가 아름다운 작은 것으로 이루어진다고 할 때, 그것은 인생의 진가眞價가 그러한 것들 속에만 있다는 편협한 주장을 두고 말하는 것이 아니다. 거기에 전제되어 있는 것은 평범한 사람에게 주어진 대로의 삶이 근본적으로 제약 속에 있는 삶이며 그럼에도 불구하고 이 제약 속에서일망정 평범한 삶도 그 나름으로 보람있는 삶이어야 한다는 의식이다. 자유라든지 민족이라든지 하는 이상을 위하여 자기를 희생하는 위대한 삶을 우리는 우러러볼 수 있다.

그러나 얼마나 많은 사람들에게 이러한 위대함이 허용되는가? 선생 자신의 말씀대로 "누구나 큰 것만을 위하여 살 수는 없다. 인생은 오히려 작은 것들이 모여 이루어지는 것이다." 다시 말하여 평범한 사람이 운명의 제약에서 배울 수 있는 것은 운명에 대한 사랑이다. 확대해서 보면, 모든 인간의 운명은 제한된 것이며 그러니만치 운명에 대한 사랑은 모든 사람의 운명이라고 할 수도 있다. 그래서 "우리가 제한된 생리적 수명을 가지고 오래 살고 부유하게 사는 방법은 아름다운 인연을 많이 맺으며 나날이 착한 일을 하고, 때로 살아온 과거를 사는 데 있다"고 말할 수도 있는 것이다.

그러나 우리의 삶을 제약하는 것이 운명적인 것이 아니라고 말하는 사람도 있을 것이다. 사실 선생이 살아오신 시대를 생각할 때 선생의 세계가 오로지 맑고 깨끗하게 정돈되어 있는 것임에 놀랄 수도 있지만, 그것은 반드시 시대의 각박함을 까마득하게 잊고 있는 데서 이루어지는 허상虛像의 세계는 아니다. 시대와 사회가, 삶의 조건이 험할 때, 삶의 아름다움과 마음의 부드러움을 지키는 것은 어려운 일이 된다.

그러니만치 새장에 갇힌 종달새도 "푸른 숲, 파란 하늘, 여름 보리를 기억하고" 있으며, 그가 꿈꿀 때면 그 배경은 새장이 아니라 언제나 넓은 들판임을 알아야 하며, 사막의 나무에도 "눈이 부시도록 찬란한 꽃이 송이송이 피어"날 수 있음을 믿어야 하는 것이다. 금아 선생의 아름답고 작은 세계는 시대의 험악함에서 피해가는 피난처가 아니라 너무나 험한 시대를 살아감에 절실히 요구되는, 강한 긍정에의 의지의 표현 또는 적어도 그 표현의 한 방식이라 할 수 있다.

그리고 이 긍정은 쉬운 것이 아니다. 작은 것을 생각한다는 것은 오늘의 시대가 제공하는 모든 거창하고 거짓된 유혹을 물리치고 사람이 본래 타고난 신선한 감각을 그대로 유지하는 노력을 엄격히 함을 뜻한다. 작은 것으로 이루어지는 조촐한 생활은 실로 삶의 원초적 진실에 충실하고 현대의 모든 가상假像을 꿰뚫어보는, 어쩌면 영웅적일 수도 있는 노력을 요구한다. 도연명陶淵明처럼 삶의 근본으로 돌아가는 일도 큰 이상을 위하여 자기를 버리는 일 다음으로 어려운 것이다.

  금아 선생의 아름다움이 어린 시절에 뿌리내리고 있다는 점에서 그것이 약간은 퇴행적인 것이라 할 사람이 있을는지 모른다. 그러나 선생에게 어린 시절은 퇴행의 피난처라기보다는 워즈워스에게 그러했던 것처럼, 하나의 이상이 된다. 아름답고 다정한 것들로 이루어진 조그마한 추억의 세계는 인간 행복의 원형을 보여준다.
  이 세계의 중요성은 무엇보다도 그것이 사랑의 공간이라는 데 있다. 어린 조카도 도지사 되기를 축원하던 외삼촌 할아버지, 색종이를 주면서 눈물을 씻어주던 유치원 선생님, 가난한 시골 한약방 주인—— 이런 사람들이 이 조그만 사랑의 세계의 주민들이지만, 물론 으뜸가는 주인공은 선생의 어머님이시다. 그 사랑은 잃어버린 줄 알았던 아들을 뛰는 가슴과 떠는 팔로 껴안는 어머니의 애절한 아낌으로 나타나기도 하지만, 또 어머니는 보다 넓은 연상과 교훈적 깨우침 속에 회상되어지기도 한다. 이 회상에서 어머니는 직접적인 아낌의 근접함보다도 아들도 모르게 마련되는 아낌과 허용의 공간으로 생각된다. 금아 선생은 엄마가 숨바꼭질을 하며 짐짓 못 찾는 것처럼 하시던 일, 구슬치기를 하고 나서 땄던 구슬을 전부 내주시던 일, 글방을 몰래 빠져나온 아들을 때리시고 나중에 남모르는 눈물을 흘리시던 일을 회상한다. 어머니는 이와 같이 멀리서 아들의 유희와 욕망과 성장의 공간을 마련해주셨던 것이다.

 선생에게 어머니의 사랑이 특히 애절했던 것은 어머니가 남편을 여읜 젊은 과부로서 상실의 아픈 경험을 겪은 분이었고 선생 자신도 이러한 어머니를 일찍 여의지 아니할 수 없었기 때문이었을 것이다. 어머니의 모습은 그러므로 단순히 아늑하고 따스한 것이 아니라 상실의 고통 속에 아늑하고 따스한 것을 지킨 그러한 사랑의 모습으로 생각된다. 그 생활이 "모시같이 섬세하고 깔끔하고 옥양목같이 깨끗하고 차가웠던" 어머니, "남에게 거짓말한 일 없고, 거만하거나 비겁하거나 몰인정한 적이 없었던" 어머니——여읨의 아픔과 추억을 통하여 더욱 맑고 더욱 애절하게 순화되는 어머니의 모습은 외부의 혼란에서 선생을 지켜주는 내면의 그리움이 된다. 어머니의 이미지로 집약되는 어린 시절의 영향은 반드시 직접적인 형태로가 아니더라도 금아 선생의 글의 도처에서 찾아볼 수 있다.

 가령 사물이나 사람에 대한 우리의 관계가 원칙적으로 무상적無償的 증여贈與의 것이어야 마땅하다는, 선생이 암암리에 가지신 생각에서도 그러한 영향을 찾아볼 수 있다. 〈선물〉에서 선생은 선물의 본질은 주고받음의 기쁨에 있고 그 현금적인 값어치에 있는 것이 아니기 때문에 비싸게 값매길 수 있는 것은 선물로 적당할 수 없다는 말씀을 하시지만, 대사물對事物 관계의 무상성은 선생이 기뻐하는 모든 것에 나타난다. 즉 선생이 기뻐하는 아름다움은 언제나 조그마한 것으로서 현금으로 따져 결코 값비싼 것일 수 없는 것이며 또 위압이나 뽐냄의 의도를 숨겨 가질 수 없는 것이라는 것, 나아가서 그것이 아이들의 장난감처럼 현실의 이해득실과는 관계가 없는 물건이기 쉽다는 것—— 이러한 데서 잘 드러나는 것이다. 더러 금아 선생이 세전世傳의 가구 같은 것을 예찬하는 경우가 있어도, 그것은 그러한 가구가 비싼 소유물이 되거나 위압의 상징이 되기 때문이 아니라 사람의 지상의 삶을 조금 더 유구한 것이 되게 하는 것이기 때문이다.

대체로 주고 더러는 받으며 결코 빼앗지 않는 관계는 사물에서와 마찬가지로 사람에 대해서도 이야기될 수 있다.

금아 선생의 사람에 대한 가장 깊은 사랑은 따님에 대한 것이다. 이것은 선생의 글에도 나오는 것이지만 선생을 개인적으로 아는 사람들 사이에서도 오래 전부터 유명한 이야기다.

선생의 어머님의 사랑이 그러했듯이, 선생의 따님에 대한 사랑은 한 사랑하는 사람을 위한 행복과 평화의 공간을 마련하고자 하는 노력이다. 시 〈새털 같은 머리칼을 적시며〉에 선생의 따님에 대한 사랑은 가장 인상 깊게 그려져 있는데, 그것은 숨막히는 감정의 근접으로가 아니라 멀리서 일상적 동작을 지켜보는, 즉 따님의 세수하고 학교에 가고 물을 떠먹고 문을 열고 산수 숙제를 하고 잠이 드는 것을 지켜보는 자세로서 나타날 뿐이다. 이 시에서 이 지켜봄의 기능은 어떤 적극적인 것이라기보다는 일상적이고 흔한, 한 소녀의 동작을 기억할 만한 것이 되게 하고 또 귀한 것이 되게 하는 일일 뿐이다. 아버지로서의 금아 선생의 사랑은 아마 〈기다림〉에서 이야기된 바 학교 유리창 너머로 따님을 바라보는, 단순한 지켜봄으로 다시 한 번 요약해 볼 수 있다. 이 지켜봄은 물리적으로는 아무 일도 안 하면서 학교의 공간 전체를 사랑의 공간으로 바꾸고 이 공간 속에서 따님은 신뢰와 자유를 익힐 수 있는 것이다.

이러한 사랑의 공간화를 가능케 하는 지킴의 거리는 금아 선생이 보는 사람의 바른 관계가 억누름 없는, 자유롭고 허용하는 관계이기 때문에 유지되는 것이다. 사람과 사람의 관계는 주는 관계며, 그 주는 것에 대한 유일한 갚음은 고마움일 수밖에 없다고 보는 까닭에 선생은 잘못 걸려온 전화의 젊은 목소리에 고마움을 느끼며, 보다 적극적으로는 남녀관계에서의 억지와 억누름을 싫어하여, "무력으로 오스트리아 공주 마리 루이즈를 아내로 삼은 나폴레옹도 멋없는 속물"이라고 규정하고, 부부관계가 완전히 동등한 것이어야 한다고 말씀한다. 금아 선생은 이러한 인간관계의 자유로운 주고받음을 따님에 한정하거나 또는 남녀관계에만 한정해서 말씀하는 것이 아니다. 따님을 위한 생각이나 남녀관계의 이상은 선생이 생각하시는 보다 보편적인 인간관계의 특별한 경우에 불과하다. 선생은 〈멋〉에서 어느 강원도 산골에서 보신 풍경을 다음과 같이 묘사하고 있다.

키가 크고 늘씬한 젊은 여인이 물동이를 이고 바른손으로 물동이 전면에서 흐르는 물을 휘뿌리면서 걸어오고 있었다. 그때 또 하나의 젊은 여인이 저편 지름길로부터 나오더니 또아리를 머리에 얹으며 물동이를 받아 이려 하였다. 물동이를 인 먼저 여인은 마중 나온 여인의 머리에 놓인 또아리를 얼른 집어 던지고 다시 손으로 동이에 흐르는 물을 쓸며 뒤도 아니 돌아보고 지름길로 걸어 들어갔다. 마중 나왔던 여자는 웃으면서 또아리를 집어 들고 뒤를 따랐다.

이러한 소유도 수탈도 뽐냄도 없는 사랑의 관계, 이것이 너무도 흔하지 않을 수밖에 없음이 삶의 고통을 이룬다면, 금아 선생이 말씀하듯, 이러한 관계가 인생을 살 만한 것이 되게 하는 것임은 분명하다.

우리는 위에서 금아 선생의 주제들을 몇 가닥으로 헤아려 보았거니와 이런 헤아림은 선생의 글을 딱딱한 논설인 양 다루는 흠이 있다. 그런데 선생의 글은 딱딱한 것과는 정반대의 것임은 새삼스럽게 말할 것도 없다.

 선생의 글은 모질고 모난 논설과는 전혀 다르게 평이하고 일상적인 일들을 곱고 간결한 우리말로 도란도란 이야기한다. 그것은 따지고 묻고 설득하려는 것이 아니라 다만 우리로 하여금 삶에 있어서의 아름다움의 기미와 기쁨의 계기를 더불어 느끼게 하려 한다. 선생의 글은 과연 산호나 진주와 같은 미문美文이다. 그리고 우리가 알아야 할 것은 이러한 미문이 겉치레의 곱살스러움을 좇는 결과 다듬어지는 것만은 아니라는 점이다. 다 알다시피 다른 사람을 부리고자 하는 언어는 딱딱해지고 추상화되고 일반적이 되고 교훈적이 된다. 금아 선생의 글이 이러한 딱딱한 요소를 최소한도로밖에 가지고 있지 않은 것은 선생의 인생 태도에 관계되어 있는 것이다.

 금아 선생의 문장이나 태도는 수필의 본래적인 정신에 부합하는 것이라고 볼 수도 있다. 수필은 평범한 사람의 평범함을 존중하는 데 성립하는 장르다. 대개 그것은 일상적인 신변사를 웅변도 아니고 논설도 아닌, 평범하게 주고받는 이야기로써 말하고 이 이야기의 주고받음을 통해서 사람이 아무 영문도 모르고 탁류에 밀려가듯 사는 존재가 아니라

전후좌우를 살펴가면서 사는 존재라는 것을 드러내려고 한다. 이 드러냄의 장소는 외로운 인간의 명상이나 철학적인 사고보다는 이야기를 주고받는 대화의 장이다.

영국에 수필이 번창하기 시작할 무렵 다방이 생기고 신문이 생기고 하던 것도 우연한 일이 아니다. 수필은 사람과 사람이 서로를 알아보고 의사를 소통할 수 있다는 것을 전제로 하여 성립한다. 우리 시대는 서로 알고 있는 사람들이 모여 담소하는 것으로서 문제의 매듭을 풀어 나갈 수 있는 시대가 아니다. 설사 우리가 친한 벗들과 담소하는 느낌으로 수필을 쓰더라도 그것이 참으로 문제를 해결해주고 상황을 밝히며 사람의 사람됨을 확인해주는 경우는 드물고 보다 흔히 지저분한 신변잡사에 관한 요설이나 억지로 만들어낸 정서의 자기만족으로 전락해버리기 쉽다. 그러니만치 오늘날 수필 예술은 어느 때보다도 그 참모습에 이르기가 어렵다고 하겠다. 금아 선생의 수필이 현대 수필의 번설성煩屑性을 벗어나 삶의 한 국면을 밝혀주고 있는 것은 참으로 희귀한 일이다.

금아 선생의 글이 우리 삶의 착잡한 모습의 전모를 들추어내는 것이 아니라 할지 모르나(더러는 그것이 너무 소박한 것인 때도 있으나), 그것은 우리 마음 깊이 자리잡고 있는 목가적 이상을 상기시켜준다. 그 목가는 우리 모든 사람이 생각할 수 있는 온화한 행복의 모습을 띠고 있다. 선생은 이

온화한 행복이 멀리 있는 것이 아니라 우리의 나날에 있다고 말씀하신다. 그것을 위해서 우리는 사물과 사람들을 우리의 사랑과 고마움 속에 살게 하여야 한다.

이 사랑은 잃어버린 사랑과 얻어진 사랑, 우리의 추억과 현재의 기쁨이 엇갈리는 마음의 공간에서 성장한다. 바깥세상은 너무나 혹독하고 그것은 우리의 행복을 거의 허용하지 않을 것처럼 보일는지 모른다. 또 많은 사람들에게 바깥세상을 이해하고 이 세상을 바르게 하는 일이 주요한 일이라고 생각될는지도 모른다. 그러나 우리의 세상은 안에다 가꾸는 꿈의 공간에서 비롯한다. 이것을 버릴 때, 우리가 만드는 새로운 세상은 또다시 황량한 것이 될 수밖에 없을 것이다.

그 날

 읽던 글을 멈추고 자기의 과거를 회상하는 일이 있다. 또 과거를 회상하다가 글에서 읽은 장면을 연상하는 적도 있다.

 나는 〈아버지의 병환〉이라는 노신魯迅의 글을 읽다가 오십여 년 전 그날을 회상하였다. 엄마가 위독하시다는 전보를 받고 나는 우리 집 서사書士 아저씨와 같이 평양 가까이 있는 강서江西라는 곳으로 떠났다.

 나는 차창을 내다보며 울었다. 아저씨가 나를 달래느라고 애쓰던 것이 생각난다. 울다가 더 울 수 없으면 엄마 생각을 했다. 그리고는 또 울었다. 그러다가 울음이 좀 가라앉았을 때 나는 멀리 어린 송아지가 엄마소 옆에 서 있는 것을 바라보았다. 왠지 그 송아지가 몹시 부러웠다. 기차는 하루 온종일 달렸다. 산이 그렇게 많은 줄은 몰랐다. 평양은 참 먼 곳이었다.

오후 늦게야 평양에 도착하였다. 기차에서 내려 역 앞에서 기다리고 있던 강서행 역마차를 탔다. 텁석부리 늙은 마부는 약수터에 와 계신 서울댁 부인을 알고 있었다. 그는 안됐다는 듯이 입맛을 쩝쩝 다셨다. 늙은 말은 달리지를 못하였다. 이 세상에서 제일 느린 말이었다. 이렇게 느린 말은 오랜 후에, 내가 커서 읽은 〈데이비드 커퍼필드〉 속에만 나온다. 바키스라는 시골 마차 마부도 어린 데이비드에게 불행한 엄마의 소식을 미리 알려준다. 윤이 나는 긴긴 머리, 그리고 나이보다 젊어 보이는 데이비드의 홀어머니, 그도 아름다운 엄마였다. 소설을 읽고 있던 내 눈에서 더운 눈물이 흐르고 있는 것을 느꼈다. 어린 시절로 돌아간 나는 데이비드와 같이 울고 있는 것이었다.

강서 약수터 엄마가 유하고 있던 그 집 앞에서 마차를 내리자 나는 "엄마!" 하고 소리를 지르며 뛰어들어갔다. 엄마는 눈을 감고 반듯이 누워 있었다. 내가 왔다는데도 모른 체하고 누워 있었다. 나는 울면서 엄마 팔을 막 흔들었다. 나는 엄마를 꼬집었다. 넓적다리를, 팔을, 힘껏 꼬집고 또 꼬집었다. 엄마는 꼼짝도 하지 않았다. 나는 엄마 얼굴에 엎여져 흐느껴 울었다. 엄마의 뺨은 차갑지 않았다.

나는 이때의 안타까움을 수십 년 후에 내가 본 영화 〈엄마 찾아 삼만리〉에서 다시 느꼈다. 주인공의 이름은 물론 배우 이름도 잊어서 그저 '아이'라고 부르겠다. 그 아이는 많은 고

생을 겪은 뒤에 마침내 엄마를 찾게 된다. 그러나 "엄마!" 하고 소리를 지르며 달려들었을 때 엄마는 자기 아이를 알아보지 못한다. 하얀 시트와 같이 엄마는 모든 기억을 상실하고 있었다. 그때 그 아이의 표정! 그 아이의 눈 속에서 나는 어린 나를 다시 발견하고 울었다. 그래도 그 아이의 엄마는 얼마 후 다시 기억을 회복하였다.

우리 엄마는 내 이름을 부르면서 의식을 잃어버렸다고 한다. 나는 울다가 엎드린 채 잠이 들어버렸다. 그날 밤 시골 사람들이 나를 일으키며 나쁜 아이라고 야단을 하던 것이 기억난다. 엄마는 어두운 등잔불 밑에서 숨을 거두시었다.

아빠가 돌아가신 후에 엄마는 얼굴 화장을 아니한 것은 물론 색깔 있는 옷이나 비단을 몸에 대는 일이 없었다. 사람들이 자기를 보고 감히 이쁘다고 하면 그런 말을 듣는 것이 죽은 아빠에게 미안하고 무슨 죄라도 짓는 것 같았을 것이다. 그리고 그의 수절을 의심하며 바라다보는 사람은 하나도 없었을 것이라고 믿는다.

그러나 엄마는 늘 건강이 좋지 못하였다. 아빠가 밤마다 꿈에 찾아온다는 말을 하였다. 엄마는 나날이 여위어 갔다. 엄마는 저고리 옷고름에 달던 은장도銀粧刀를 밤이면 머리맡에다 놓고 잤다. 그러나 효과는 없었던 것 같다. 녹용을 넣은 보약을 지어다 잡숫기도 하였다. 그것도 효험이 없었다. 양의洋醫의 치료를 받기 위하여 남대문 밖에 있던 세

브란스 병원에 입원을 하였지만 거기서도 건강은 회복되지 못하였다.

마침내 엄마는 약수를 먹어본다고 강서로 갔었던 것이다. 아마 자기가 세상 떠날 것을 알고 고향인 평양으로 가시지 않았나 한다. 평양 사람이 타향에서 죽게 되면 머리를 평양 쪽으로 두고 죽는다는 말이 있다.

내가 아까 읽고 있던 노신의 글 〈아버지의 병환〉은 이렇게 끝을 맺는다.

연부인[衍太太]은 경문經文 사른 재를 종이에 싸서 아버지 손에 쥐여드리며 나보고 "아버지" 하고 불러드리라고 재촉하였다. "아버지는 이제 숨을 거두실 거다. 어서!" 했다. 나는 "아버지! 아버지!" 소릴 내서 불렀다.

"더 크게, 어서."

"아버지! 아버지!"

평온하던 아버지의 얼굴은 긴장되고 눈이 약간 움직이며 괴로워했다.

"아 어서 또, 빨리!"

나는 "아버지!" 또 계속해 불렀다. 최후의 숨을 거두실 때까지.

지금도 오히려 그때의 내 목소리가 들린다. 그 목소리가 들릴 때마다 나는 문득 그것이 내가 아버지에 대해 저지른 최대의 잘못이었던 것을 깨닫는다.

 엄마가 의식이 있어 내가 꼬집는 줄이나 아셨더라면 '나도 마지막 불효라도 할 수 있었을 것을' 하고 생각해본다.

인 연

 지난 사월 춘천에 가려고 하다가 못 가고 말았다. 나는 성심여자대학에 가보고 싶었다. 그 학교에 어느 가을 학기, 매주 한 번씩 출강한 일이 있다. 힘드는 출강을 한 학기 하게 된 것은, 주 수녀님과 김 수녀님이 내 집에 오신 것에 대한 예의도 있었지만 나에게는 사연이 있었다.
 수십 년 전 내가 열일곱 되던 봄, 나는 처음 동경東京에 간 일이 있다. 어떤 분의 소개로 사회교육가 미우라[三浦] 선생 댁에 유숙을 하게 되었다. 시바쿠 시로가네[芝區 白金]에 있는 그 집에는 주인 내외와 어린 딸 세 식구가 살고 있었다. 하녀도 서생도 없었다. 눈이 예쁘고 웃는 얼굴을 하는 아사코[朝子]는 처음부터 나를 오빠같이 따랐다. 아침에 낳았다고 아사코라는 이름을 지어주었다고 하였다. 그 집 뜰에는 큰 나무들이 있었고 일년초 꽃도 많았다. 내가 간 이튿날 아침, 아사코는 '스위트피'를 따다가 화병에 담아 내가 쓰게 된 책상 위에 놓아주었다. '스위트피'는 아사코같이 어리고 귀여운 꽃이라고 생각하였다.

성심聖心여학원 소학교 일학년인 아사코는 어느 토요일 오후 나와 같이 저희 학교까지 산보를 갔다. 유치원부터 학부까지 있는 카톨릭 교육기관으로 유명한 이 여학원은 시내에 있으면서 큰 목장까지 가지고 있었다. 아사코는 자기 신발장을 열고 교실에서 신는 하얀 운동화를 보여주었다.

내가 동경을 떠나던 날 아침, 아사코는 내 목을 안고 내 뺨에 입을 맞추고, 제가 쓰던 작은 손수건과 제가 끼던 작은 반지를 이별의 선물로 주었다. 옆에서 보고 있던 선생 부인은 웃으면서 "한 십 년 지나면 좋은 상대가 될 거예요" 하였다. 나는 얼굴이 더워지는 것을 느꼈다. 나는 아사코에게 안데르센의 동화책을 주었다.

그 후 십 년이 지나고 삼사 년이 더 지났다. 그 동안 나는 국민학교 일학년 같은 예쁜 여자아이를 보면 아사코 생각을 하였다. 내가 두 번째 동경에 갔던 것도 사월이었다. 동경역 가까운 데 여관을 정하고 즉시 미우라 댁을 찾아갔다. 아사코는 어느덧 청순하고 세련되어 보이는 영양令孃이 되어 있었다. 그 집 마당에 피어 있는 목련꽃과도 같이. 그때 그는 성심여학원 영문과 삼학년이었다. 나는 좀 서먹서먹했으나, 아사코는 나와의 재회를 기뻐하는 것 같았다. 아버지 어머니가 가끔 내 말을 해서 나의 존재를 기억하고 있었나 보다.

그날도 토요일이었다. 저녁 먹기 전에 같이 산보를 나갔다. 그리고 계획하지 않은 발걸음은 성심여학원 쪽으로 옮겨져 갔다. 캠퍼스를 두루 거닐다가 돌아올 무렵 나는 아사코 신발장은 어디 있느냐고 물어보았다. 그는 무슨 말인가 하고 나를 쳐다보다가, 교실에는 구두를 벗지 않고 그냥 들어간다고 하였다. 그리고는 갑자기 뛰어가서 그날 잊어버리고 교실에 두고 온 우산을 가지고 왔다. 지금도 나는 여자 우산을 볼 때면 연두색이 고왔던 그 우산을 연상한다. 〈셸부르의 우산〉이라는 영화를 내가 그렇게 좋아한 것도 아사코의 우산 때문인가 한다. 아사코와 나는 밤늦게까지 문학 이야기를 하다가 가벼운 악수를 하고 헤어졌다. 새로 출판된 버지니아 울프의 소설 《세월》에 대해서도 이야기한 것 같다.

그 후 또 십여 년이 지났다. 그 동안 제2차 세계대전이 있었고 우리나라가 해방이 되고 또 한국전쟁이 있었다. 나는 어쩌다 아사코 생각을 하곤 했다. 결혼은 하였을 것이요, 전쟁 통에 어찌 되지나 않았나, 남편이 전사하지나 않았나 하고 별별 생각을 다하였다. 1954년 처음 미국 가던 길에 나는 동경에 들러 미우라 댁을 찾아갔다. 뜻밖에 그 동네가 고스란히 그대로 남아 있었다. 그리고 미우라 선생네는 아직도 그 집에 살고 있었다. 선생 내외분은 흥분된 얼굴로 나를 맞이하였다. 그리고 한국이 독립이 돼서 무엇보다도 잘됐다고 치하를 하였다. 아사코는 전쟁이 끝난 후 맥아더 사령부에서 번역 일을 하고 있다가, 거기서 만난 일본인 이세二世와 결혼을 하고 따로 나서 산다는 것이었다. 아사코가 전쟁 미망인이 되지 않은 것은 다행이었다. 그러나 이세와 결혼하였다는 것이 마음에 걸렸다. 만나고 싶다고 그랬더니 어머니가 아사코의 집으로 안내해주셨다.

뾰족 지붕에 뾰족 창문들이 있는 작은 집이었다. 이십여 년 전 내가 아사코에게 준 동화책 겉장에 있는 집도 이런 집이었다. "아, 이쁜 집! 우리 이담에 이런 집에서 같이 살아요." 아사코의 어린 목소리가 지금도 들린다.

십 년쯤 미리 전쟁이 나고 그만큼 일찍 한국이 독립되었더라면 아사코의 말대로 우리는 같은 집에서 살 수 있게 되었을지도 모른다. 뾰족 지붕에 뾰족 창문들이 있는 집이 아니라도. 이런 부질없는 생각이 스치고 지나갔다.

그 집에 들어서자 마주친 것은 백합같이 시들어가는 아사코의 얼굴이었다. 《세월》이란 소설 이야기를 한 지 십 년이 더 지났었다. 그러나 그는 아직 싱싱하여야 할 젊은 나이다. 남편은 내가 상상한 것과 같이, 일본 사람도 아니고 미국 사람도 아닌 그리고 진주군進駐軍 장교라는 것을 뽐내는 것 같은 사나이였다. 아사코와 나는 절을 몇 번씩 하고 악수도 없이 헤어졌다.

그리워하는데도 한 번 만나고는 못 만나게 되기도 하고,

일생을 못 잊으면서도 아니 만나고 살기도 한다. 아사코와 나는 세 번 만났다. 세 번째는 아니 만났어야 좋았을 것이다.
  오는 주말에는 춘천에 갔다 오려 한다. 소양강 가을 경치가 아름다울 것이다.

찰스 램

나는 위대한 인물들에게서 매력을 느끼지 못한다. 나와의 유사성이 너무나 없기 때문인가 보다. 나는 그저 평범하되 정서가 섬세한 사람을 좋아한다. 동정을 주는 데 인색하지 않고 작은 인연을 소중히 여기는 사람, 곧잘 수줍어하고 겁많은 사람, 순진한 사람, 아련한 애수와 미소 같은 유머를 지닌 그런 사람에게 매력을 느낀다.

찰스 램(Charles Lamb, 1775~1834)은 중키보다 좀 작고 눈이 맑고 말을 더듬었다. 술을 잘하고, 담배를 많이 피우고, 친구와 이야기하는 것을 좋아하였다. 그는 남에게서 정중하게 대접받는 것을 싫어하였고 자기를 뽐내는 일이 없었다. 그는 역경에서도 인생을 아름답게 보려 하였다.

램은 두뇌가 총명하고 가세가 넉넉지 못한 집 아이들이 가는 유명한 자선학교 '크라이스트 호스피털'에서 7년간 수학을 하였다. 그 후 그렇게도 가고 싶은 옥스퍼드 대학에 진

학하지 못하고 잠깐 남해상사를 거쳐 1792년 동인도東印度회사에 취직을 하여 1825년까지 삼십여 년 회계사무원 노릇을 하였다.

그는 불행하였다. 발작적 정신병을 앓는 누님을 보호하면서 일생을 독신으로 지냈다. 그는 두 번 여성에게 애정을 느낀 일이 있다. 그 중의 한 여성은 〈꿈속의 아이들—환상〉에 나오는 앨리스이다. 꿈속의 아이들은 응석도 부리고 애교도 떨다가 매정하게도 이런 말을 하고 사라져버린다.

"우리들은 앨리스의 아이가 아닙니다. 당신의 아이도 아닙니다. 아예 아이가 아닙니다. 우리들은 아무것도 아닙니다. 아무것도 아니라고 말할 것조차 없습니다. 꿈입니다. 앨리스의 아이들은 버트람을 아버지라고 부릅니다."

'버트람'은 앨리스가 결혼한 사람이다.

또 한 사건은 그가 마흔네 살이 되고 연 육백 파운드 봉급을 받게 되었을 때의 일이다. 그는 자기가 좋아하는 배우 페니 케리에게 청혼을 하였다. 그리고 즉시 상냥하고 정중한 답을 받았다. "저의 애정은 이미 다른 분에게 가 있습니다." 이리하여 그의 작은 로맨스는 하루에 끝이 났다.

그는 오래된 책, 그리고 옛날 작가를 사랑하였다. 그림을 사랑하고 도자기를 사랑하였다. 작은 사치를 사랑하였다. 그는 여자를 존중히 여겼다. 그의 수필 〈현대에 있어서의 여성에 대한 예의〉에 나타난 찬양은 영문학에서도 매우 드문

예라 하겠다. 그는 자기 아이는 없으면서 모든 아이들을 사랑하였다. 어린 굴뚝 소제부들도 사랑하였다. 그들이 웃을 때면 램도 같이 웃었다.

그는 일생을 런던에서 살았고, 그 도시가 주는 모든 문화적 혜택을 탐구하였다. 런던은 그의 대학이었다. 그러나 그는 런던의 상업면을 싫어하였다. 정치에도 전혀 관심이 없었다. 자기 학교, 자기 회사, 극장, 배우들, 거지들, 뒷골목 술집, 책사, 이런 것들의 작은 얘기를 끝없는 로맨스로 엮은 것이 그의 《엘리아 수필》들이다.

그는 램[¥]이라는 자기 이름을 향하여 "나의 행동이 너를 부끄럽게 하지 않기를. 나의 고운 이름이여"라고 하였다. 그는 양과 같이 순결한 사람이었다.

비원秘苑

비 오는 오월 어느 날 비원에 갔었다. 아침부터 비가 오고 주말도 아니어서 사람이 없었다. 비원은 서울 한복판에 있으면서 숲이 울창하며 산속 같은 데가 있다.

빗방울이 얌전히 떨어지는 반도지半島池 위에 작고 둥근 무늬가 쉴 새 없이 퍼지고 있었다. 그 푸른 물 위에 모네의 그림 수련睡蓮에서 보는 거와 같은 꽃과 연잎이 평화롭게 떠 있었다.

꾀꼬리 소리가 들린다. 경쾌한 울음이 연달아 들려온다.

꾀꼬리 소리는 나를 어린 시절로 데려갔다.

서울 출생인 내가 꾀꼬리 소리를 처음 들은 것은 충청도 광시라는 시골에서였다. 내가 서울로 돌아오던 날 아침 '그 아이'는 신작로까지 나와 나를 기다리고 있었다.

그때 꾀꼬리가 울었다. 그 아이는 나에게 작은 신문지 봉투를 주었다. 그 봉지 속에는 물기 있는 앵두가 가득 들어 있었다.

돈화문敦化門까지 나오다가 꾀꼬리 소리가 한 번 더 듣고 싶어서 나는 반도지 있는 곳으로 되돌아갔다. 기다리기도 전에 저 리리 폰스보다 앳되고 더 명쾌한 꾀꼬리 소리가 들려왔다. 리리 폰스는 두 번 앙코르에 응해주고는 그 다음에는 절을 몇 번씩 하고 들어가버리고 말았다. 나의 꾀꼬리는 연달아 울었다. 비는 내리는데 눈에 보이지 않는 노란 꾀꼬리는 계속 울었다.

나는 다시 꾀꼬리 소리를 스무 번이나 더 들었다.

내가 본 무대에 이런 장면이 있었다. 아직 오월이 멀었는데 병든 남편은 뻐꾸기 소리가 듣고 싶다고 한다. 아내는 뒷산에 올라가 뻐꾸기 소리를 낸다. 남편은 그 소리를 들으며 운명殞命을 한다.

폐를 앓는 젊은 시인 키츠는 한밤중에 우짖는 나이팅게일 소리를 들으면서 고통 없이 죽는 것은 풍유豊裕하리라 하였다.

나는 오월이면 꾀꼬리 소리를 들으러 비원에 가겠다.

비원은 창덕궁의 일부로 임금들의 후원이었다. 그러나 실은 후세에 올 나를 위하여 설계되었던 것인가 한다. 광해군은 눈이 혼탁하여 푸른 나무들이 잘 보이지 않았을 것이요, 새소리도 귀담아 듣지 못하였을 것이다. 숙종같이 어진 임금은 늘 마음이 편치 않아 그 향기로운 풀 냄새를 인식하지 못하였을 거다.

 미美는 그 진가를 감상하는 사람이 소유한다. 비원뿐이랴. 유럽의 어느 작은 도시, 분수가 있는 광장, 비둘기들, 무슨 애버뉴라는 고운 이름이 붙은 길, 꽃에 파묻힌 집들, 그것들은 내가 바라보고 있는 순간 다 나의 것이 된다. 그리고 지금 내 마음 한 구석에 간직한 나의 소유물이다.

 주인이 일 년에 한 번 오거나 하는 별장은 그 고요함을 별장지기가 향유하고, 꾀꼬리 우는 푸른 숲은 산지기 영감만이 즐기기도 한다. 내가 어쩌다 능참봉을 부러워하는 것은 이런 연유에서 오는 것이다.

 은퇴도 하였으니 시골 가서 새소리나 들으며 살까도 생각하여 본다. 그러나 그게 쉬운 일이 아니다.

 꾀꼬리 우는 오월이 아니라도 아침부터 비가 오는 날이면 나는 우산을 받고 비원에 가겠다. 눈이 오는 아침에도 가겠다.

 비원은 정말 나의 비원이 될 것이다.

서영이와 난영이

 나는 아빠입니다. 지금은 늙은 아빠입니다. 엄마 노릇을 해보지 못한 것이 언제나 서운합니다. 그리고 엄마들을 부러워합니다. 특히 젖먹이 아기를 가진 젊고 예쁜 엄마들이 부럽습니다.

 연한 파란빛이 도는 까만 눈동자에 고운 물기가 젖은 아기의 눈, 아기의 눈을 보석이나 별같이 찬란한 것에 비긴다는 것은 잘못입니다. 그리고 어떤 화가도 그 고운 빛을 색으로 나타낼 수는 없습니다. 아기는 눈을 감았다 떴다 하다가 그 작은 입을 벌리고 하품을 하기도 합니다.

 입에 젖꼭지를 갖다 대주면 아기는 그 탐스럽게 부풀어오른 젖을 힘겹게 빱니다. 그때 예쁜 손가락들이 엄마의 또 하나의 젖을 만지기도 합니다. 엄마의 젖이 둘이 있다는 것은 아기에게도 엄마에게도 얼마나 복된 일일까요. 그 작은 손가락 끝에 아주 작은 손톱들이 있습니다. 나는 젖먹는 아기를 바라다볼 때 신의 존재를 부인하고 싶지 않습니다. 아기가 눈을 감고 잠깐 젖을 빨지 않으면 엄마는 아기 입에서 젖을 떼려 듭니다. 그러면 아기 입은 젖을 따라오면서 더 암팡지게 빨아댑니다. 그러나 좀 있으면 아기는 젖을 문 채 잠이 듭니다. 이때 엄마는 웃으면서 아기를 살며시 누입니다. 엄마는 이때 자기가 행복하다는 것을 느낍니다. 큰 회사 사장 부인도, 유명한 여자들도, 아무도 부럽지 않습니다. 여학교 때 자기보다 공부 잘하던 동무도 대수롭지 않습니다.

이 세상에서 아기의 엄마같이 뽐내기 좋은 지위는 없는 것 같습니다. 엄마의 아기같이 소중한 것이 다시없기 때문입니다. 아기 뺨을 가만히 만져보면 아실 것입니다. 아기의 머리칼을 만져보면 아실 것입니다. 그 아기는 엄마가 낳은 것입니다. 그리고 젖을 먹여 기르고 있습니다. 아기는 커가고 있습니다. 자라고 있습니다.

내가 우리 딸에게 사다 준 인형이 있습니다. 돌을 바라다보는 아기만한 인형입니다. 눈이 파랗고 머리는 금빛입니다. 소위 '블론드'입니다. 얼굴은 둥근 편, 눈이 그다지 크지 않아 약간 동양적인 데가 있습니다. 그리고 언제나 웃는 낯입니다. 인형은 뉘면 눈을 감고 일으키면 자다가도 금방 눈을 뜹니다. 배를 누르면 웁니다. 그러나 그렇게 아프게 해서 울리는 때는 별로 없었습니다.

나는 이 인형을 사느라고 여러 백화점을 여러 날 돌아다녔습니다. 인형은 처음에는 백화점에 같이 나란히 앉아 있는 친구들을 떠나 낯선 나하고 가는 것이 좀 불안하였을 것입니다. 그러나 내가 상자에 들어 있는 저를 들고 오지 않고 안고 왔기 때문에 좀 안심이 되었을 것입니다. 귀국할 때도 짐 속에 넣어 부치지 않고 안고 비행기를 탔습니다. 떠나 오기 전에 난영蘭英이라는 이름을 지어주었습니다. 한국에 와서 살 테니까 한국 이름을 지어준 것입니다. 한국에서 사는 개들을 서양 이름을 지어주는 것은 참 이상한 일입니다. 우리 집 개들은 갑돌이와 갑순이입니다. 동생이 없는 우리 서영瑞英이가 난영이를 처음 안을 때의 광경을 영리한 엄마들은 상상하실 수 있을 것입니다.

세월이 흘렀습니다. 아까 말한 대로 아기는 큽니다. 자랍니다. 서영이는 국민학교를, 중·고등학교를, 그리고 대학을, 그리고 시집 갈 나이에 미국으로 유학을 갔습니다. 난영이를 두고 떠났습니다. 그것도 난영이 고향인 바로 뉴욕입니다. 난영이는 언니 따라 자기 고향에 얼마나 가고 싶었겠습니까. 사람은 나이를 먹으면 냉정한 이별을 할 수 있나봅니다. 난영이는 자라지 않았습니다. 그러나 다행히도 어른스러워지지도 않았습니다. 언제나 아기입니다.

서영이를 떠나보내고 마음을 잡을 수 없는 나는 난영이를 보살펴주게 되었습니다. 날마다 낯을 씻겨주고 일주일에 한두 번씩 목욕을 시키고 머리에 빗질도 하여줍니다. 여름이면 엷은 옷, 겨울이면 털옷을 갈아 입혀줍니다. 데리고 놀지는 아니하지만 음악은 들려줍니다. 여름이면 일찍 재웁니다. 어쩌다 내가 늦게까지 무엇을 하느라고 난영이를 재우는 것을 잊어버릴 때가 있습니다. 난영이는 앉은 채 뜬눈을 하고 있습니다. 이런 때는 참 미안합니다. 내 곁에서 자는 것을 가끔 들여다봅니다. 숨소리가 들리는 것 같습니다. 난영이 얼굴에는 아무 불안이 없습니다. 자는 것을 바라보면 내 마음도 평화로워집니다. 젊은 엄마들이 부러운 나는 난영이 엄마 노릇을 하며 살고 있습니다.

순례巡禮

 문학은 금싸라기를 고르듯이 선택된 생활 경험의 표현이다. 고도로 압축되어 있어 그 내용의 농도가 진하다.

 짧은 시간에 우리는 시인이나 소설가의 눈을 통하여 인생의 다양한 면을 맛볼 수 있다. 마음의 안정을 잃지 않으면서 침통한 비극을 체험할 수도 있다. 문학은 작가의 인격을 반향한다. 그러므로 우리는 고전古典을 통하여 위대한 사람들과 친구가 될 수 있다. 나는 그들의 친구가 되어주지 못하지만 그들은 언제나 나의 친구다. 같은 높은 생각을 가져볼 수도 있고 순진한 정서를 같이할 수도 있다. 외우畏友 치옹痴翁의 말같이 상실했던 자기의 본성을 되찾기도 한다. 고전을 읽는 그 동안이라도 저속한 현실에서 해탈되어 승화된 감정을 갖게 된다.

 사상이나 표현 기교에는 시대에 따라 변천이 있으나 문학의 본질은 언제나 정情이다. 그 속에는 '예전에도 있었고 앞으로도 있을 자연적인 슬픔, 상실, 고통'을 달래주는 연민의 정이 흐르고 있다.

　　가문의 자랑도
　　권세의 호강도
　　미美와 부富가 가져다 준 모든 것들이
　　다 같이 피치 못할 시각을 기다리고 있다.
　　영화榮華의 길은 무덤으로만 뻗어 있다.

　　대양大洋의 어둡고 깊은 동굴은
　　순결하고 맑은 보석을 지니고
　　많은 꽃들이 숨어서 피었다가는
　　그 향기를 황야 바람에 날려버린다.

토머스 그레이의 이 〈촌락묘지에서 쓴 만가輓歌〉는 얼마나 소박한 농부들의 심금을 울리고 얼마나 많은 위안을 주어왔을까. 영문학 사상 가장 유명한 이 시는 또 얼마나 민주주의 사상을 고취해왔을까. 어떤 학자의 말같이 같은 언어로 엘레지를 배우면서 자란 영국과 미국의 젊은이들이 1차대전에서도, 2차대전에서도 어깨를 나란히 하고 공동의 적과 싸운 것은 지극히 당연한 결과라 하겠다.

어떠한 운명이 오든지
내 가장 슬플 때 나는 느끼느니
사랑을 하고 잃은 것은
사랑을 아니한 것보다 낫다.

테니슨이 그의 친구의 죽음을 애도하는 이 시구는 긴 세월을 두고 얼마나 많은 사람의 눈물을 씻어주었을까.

桐千年老恒藏曲
梅一生寒不賣香
오동은 천년 늙어도 항상 가락을 지니고
매화는 일생 추워도 향기를 팔지 않는다

이 2행의 시구는 누구의 것인지 모르지만 많은 선비에게 긍지와 위안을 주어왔을 것이다.
문학에 있어서 정의 극치는 아무래도 연정戀情이라 하겠다.

다른 이들 나의 님 되어 오다.
너 굳은 맹세를 저바림이라
허나 내 죽음을 들여다볼 때
잠의 높은 고개를 올라갈 때
술에 취했을 때

순례 51

갑자기 너의 얼굴 마주친다.

W. B. 예이츠는 모드 곤에게 배반을 당했다. '유럽의 미인'이란 예찬을 받는 재기발랄하고 용감한 여자였다. 그녀는 오랫동안 예이츠에게 사랑을 주어오다가 어느 날 갑자기 다른 사람과 결혼하게 되었다는 메시지를 보내왔다. 다른 사람이란 애란愛蘭 독립운동 투사인 한 젊은 장교였다. 예이츠가 그 편지의 겉봉을 찢을 때 그의 생애는 두 토막 났다고 한다.

황진이黃眞伊. 그는 모드 곤보다도 더 멋진 여성이요 탁월한 시인이었다. 나의 구원久遠의 여상女像이기도 하다. 그는 결코 나를 배반하지 않는다.

동짓달 기나긴 밤 한 허리를 버혀내여
춘풍이불 아래 서리서리 넣었다가
어른님 오신 밤이여드란 구비구비 펴리라.

진이眞伊는 여기서 시간을 공간화하고 다시 그 공간을 시간으로 환원시킨다. 구상具象과 추상抽象이, 유한有限과 무한無限이 일원화되어 있다. 그 정서의 애틋함은 말할 것도 없거니와 그 수법이야말로 셰익스피어의 소네트 154수 중에도 이에 따를 만한 것은 하나도 없다. 아마 어느 문학에도 없을 것이다.

나는 작은 놀라움, 작은 웃음, 작은 기쁨을 위하여 글을 읽는다. 문학은 낯익은 사물에 새로운 매력을 부여하여 나를 풍유하게 하여준다.

구름과 별을 더 아름답게 보이게 하고 눈, 비, 바람, 가지가지의 자연 현상을 허술하게 놓쳐버리지 않고 즐길 수 있게 하여준다. 도연명陶淵明을 읽은 뒤에 국화를 더 좋아하게 되고 워즈워스의 시를 왼 뒤에 수선화를 더 아끼게 되었다. 운곡耘谷의 〈눈 맞아 휘어진 대〉를 알기에 대나무를 다시 보게 되고, 백화白樺나무를 눈여겨 보게 된 것은 시인 프로스트를 안 후부터다.

바이런의 소네트가 아니라면 쉬옹의 감옥은 큰 의미를 갖지 못했을 것이요, 수십 년 전에 내가 크레인의 시 〈다리[橋]〉를 읽지 않았던들 작년에 본 뉴욕의 브루클린 브리지가 그렇게까지 아름답게 보였을까.

어려서부터 나는 개는 그렇게 좋아해도 고양이는 싫어하였다. 그러던 내가 이장희李章熙의 시 〈봄은 고양이로다〉를 읽은 뒤로는 고양이에게 큰 흥미를 갖게 되었다.

얼마 전 《신한국문학전집新韓國文學全集》에서 지용의 〈향수鄕愁〉를 반갑게 다시 보고 오래 잊었던 향수가 새로워졌다. 재가 식어진 질화로와 엷은 졸음에 겨운 늙은 아버지가 돋아괴시는 짚베개가 그리워졌다. 사실 나는 질화로가 하나 갖고 싶어서 지금 구하고 있는 중이다. 아무렇지도 않고 예쁠 것도 없는 사철 발 벗은 아내는 밀레의 그림에서 보는 여인상이다.

〈향수〉에 이어 생각나는 노천명盧天命의 〈고향〉,

> 언제든 가리라
> 마지막엔 돌아가리라
> 목화꽃이 고운 내 고향으로
> 조밥이 맛있는 내 고향으로
> 아이들이 하눌타리 따는 길머리엔
> 학림사鶴林寺 가는 달구지가 조을며 지나가고
> 대낮에 여우가 우는 산골 등잔 밑에서
> 딸에게 편지 쓰는 어머니도 있어라.

장연長淵이 고향인 그는 다시 고향에 돌아가지 못하고 세상을 떠났다. 영혼이 있어 고향에 돌아가도 그리던 고향은 아니리라.

〈무도회의 수첩〉이라는 영화가 있었다. 아직 미모를 잃지 않은 중년부인이 그가 처녀시절에 가졌던 수첩 속에서 거기에 적혀 있는 이름들을 발견한다. 그가 춤을 약속했던 파트너들, 여인은 그 이름들을 찾아 한가한 여행을 떠난다. 지금 나는 그런 순례巡禮를 한 것이다.

수 필

 수필은 청자青瓷 연적이다. 수필은 난蘭이요, 학鶴이요, 청초하고 몸맵시 날렵한 여인이다. 수필은 그 여인이 걸어가는 숲속으로 난 평탄하고 고요한 길이다. 수필은 가로수 늘어진 페이브먼트가 될 수도 있다. 그러나 그 길은 깨끗하고 사람이 적게 다니는 주택가에 있다.

 수필은 청춘의 글은 아니요, 서른여섯 살 중년 고개를 넘어선 사람의 글이며, 정열이나 심오한 지성을 내포한 문학이 아니요, 그저 수필가가 쓴 단순한 글이다.

 수필은 흥미는 주지마는 읽는 사람을 흥분시키지는 아니한다. 수필은 마음의 산책이다. 그 속에는 인생의 향취와 여운이 숨어 있는 것이다.

 수필의 색깔은 황홀 찬란하거나 진하지 아니하며, 검거나 희지 않고 퇴락하여 추하지 않고, 언제나 온아우미溫雅優美하다. 수필의 빛은 비둘기빛이거나 진주빛이다. 수필이 비단이라면 번쩍거리지 않는 바탕에 약간의 무늬가 있는 것이다. 그 무늬는 읽는 사람의 얼굴에 미소를 띠게 한다.

수필은 한가하면서도 나태하지 아니하고, 속박을 벗어나고서도 산만하지 않으며, 찬란하지 않고 우아하며 날카롭지 않으나 산뜻한 문학이다.

수필의 재료는 생활 경험, 자연 관찰, 또는 사회현상에 대한 새로운 발견, 무엇이나 다 좋을 것이다. 그 제재題材가 무엇이든지 간에 쓰는 이의 독특한 개성과 그때의 무드에 따라 '누에의 입에서 나오는 액液이 고치를 만들듯이' 수필은 써지는 것이다. 수필은 플롯이나 클라이맥스를 필요로 하지 않는다. 가고 싶은 대로 가는 것이 수필의 행로行路이다. 그러나 차를 마시는 거와 같은 이 문학은 그 방향芳香을 갖지 아니할 때에는 수돗물같이 무미無味한 것이 되어버리는 것이다.

수필은 독백獨白이다. 소설가나 극작가는 때로 여러 가지 성격을 가져보아야 된다. 셰익스피어는 햄릿도 되고 플로니우스 노릇도 한다. 그러나 수필가 램은 언제나 찰스 램이면 되는 것이다. 수필은 그 쓰는 사람을 가장 솔직히 나타내는 문학형식이다. 그러므로 수필은 독자에게 친밀감을 주며, 친구에게서 받은 편지와도 같은 것이다.

덕수궁 박물관에 청자 연적이 하나 있었다. 내가 본 그 연적은 연꽃 모양을 한 것으로, 똑같이 생긴 꽃잎들이 정연히 달려 있었는데, 다만 그 중에 꽃잎 하나만이 약간 옆으로 꼬부라졌었다. 이 균형 속에 있는 눈에 거슬리지 않은 파격破格이 수필인가 한다. 한 조각 연꽃잎을 꼬부라지게 하기에는 마음의 여유를 필요로 한다.

  이 마음의 여유가 없어 수필을 못 쓰는 것은 슬픈 일이다. 때로는 억지로 마음의 여유를 가지려 하다가 그런 여유를 갖는 것이 죄스러운 것 같기도 하여 나의 마지막 십분지 일까지도 숫제 초조와 번잡에 다 주어버리는 것이다.

종달새

"무슨 새지?"
어떤 초대석에서 한 손님이 물었다.
"종달새야."
주인의 대답이다.
옆에서 듣고 있던 나는,
"종달새라고? 하늘을 솟아오르는 것이 종달새지, 저것은 조롱鳥籠새야."
내 말이 떨어지자 좌중은 경탄하는 듯이 웃었다.

그날 밤 나는 책을 읽다가 아까 친구집에서 한 말을 뉘우쳤다. 비록 갇혀 있는 새라 하여도 종달새는 공작이나 앵무새와는 다르다. 갇혀 있는 공작은 거친 산야보다 아늑한 우리 안이 낫다는 듯이 안일하게 살아간다. 화려한 나래를 펴며 교태를 부리기도 한다. 앵무새도 자유를 망각하고 감금 생활에 적응한다. 곧잘 사람의 말을 흉내도 낸다. 예전 어떤 집에는 일어상용日語常用하는 주인을 따라 "오하요" 하고 인사를 하는 앵무새가 있었다.

그러나 종달새는 갇혀 있다 하더라도 그렇지 않다. 종달새는 푸른 숲, 파란 하늘, 여름 보리를 기억하고 있다. 그가 꿈을 꿀 때면 그 배경은 새장이 아니라 언제나 넓은 들판이다.

아침 햇빛이 조롱에 비치면 그는 착각을 하고 문득 날려다가 날개를 파닥거리며 쓰러지기도 한다. 설사 그것이 새장 속에서 태어나 아름다운 들을 모르는 종다리라 하더라도, 그의 핏속에는 선조 대대의 자유를 희구하는 정신과 위로 지향하는 강한 본능이 흐르고 있는 것이다.

카르멜 수도원의 수녀는 갇혀 있다 하더라도 그는 죄인이 아니라 바로 자유 없는 천사다. 해방 전 감옥에는 많은 애국자들이 갇혀 있었다. 그러나 철창도 콘크리트 벽도 어떠한 고문도 자유의 화신인 그들을 타락시키지는 못했다.

> 시온 —— 너의 감옥은 성스러운 곳
> 너의 슬픈 바닥은 제단祭壇
> 바로 그이의 발자국이 닳아
> 너의 찬 포석鋪石이 잔디인 양 자국이 날 때까지
> 보니바루가 밟았다
> 누구도 흔적을 지우지 마라
> 그것들은 폭군으로부터 신에게까지 호소하나니.

이것은 내가 좋아하던 시구(詩句)였다.

예전 북경에는 이른 새벽이면 고궁 담 밖에 조롱을 들고 섰는 노인들이 있었다. 궁 안에서 우는 새소리를 들려주느라고 서 있는 것이다. 울지 않던 새도 같은 종류의 새소리를 들으면 제 울음을 운다는 것이다. 거기 조롱 속에 종달새가 있었다면 그 울음은 단지 배워서 하는 노래가 아니라 작은 가슴에 뭉쳐 있던 분노와 갈망의 토로였을 것이다. 조롱 속의 새라도 종달새는 종달새다.

봄

"인생은 빈 술잔, 주단 깔지 않은 층계, 사월은 천치와 같이 중얼거리고 꽃 뿌리며 온다."

이러한 시를 쓴 시인이 있다.

"사월은 가장 잔인한 달"

이렇게 읊은 시인도 있다. 이들은 사치스런 사람들이다. 나같이 범속한 사람은 봄을 기다린다.

봄이 오면 무겁고 두꺼운 옷을 벗어버리는 것만 해도 몸과 마음이 가벼워진다. 주름살 잡힌 얼굴이 따스한 햇볕 속에 미소를 띄우고 하늘을 바라다보면 날아갈 수 있을 것만 같다. 봄이 올 때면 젊음이 다시 오는 것 같다.

나는 음악을 들을 때, 그림이나 조각을 들여다볼 때 잃어버린 젊음을 안개 속에 잠깐 만나는 일이 있다. 문학을 업으로 하는 나의 기쁨의 하나는 글을 통하여 먼발치라도 젊음을 바라볼 수 있다는 것이다. 그러나 무엇보다 젊음을 다시 가져보게 하는 것은 봄이다.

잃었던 젊음을 잠깐이라도 만나본다는 것은 헤어졌던 애인을 만나는 것보다 기쁜 일이다. 헤어진 애인이 여자라면 뚱뚱해졌거나 말라 바스러졌거나 둘 중이요, 남자라면 낡은 털 재킷같이 축 늘어졌거나 그렇지 않으면 얼굴이 시뻘개지고 눈빛이 혼탁해졌을 것이다. 젊음은 언제나 한결같이 아름답다. 지나간 날의 애인에게서는 환멸을 느껴도, 누구나 잃어버린 젊음에게서는 안타까운 미련을 갖는다.

나이를 먹으면 젊었을 때의 초조와 번뇌를 해탈하고, 마음이 가라앉는다고 한다. 이 '마음의 안정'이라는 것은 무기력으로부터 오는 모든 사물에 대한 무관심을 말하는 것이다. 무디어진 지성과 둔해진 감수성에 대한 슬픈 위안의 말이다. 늙으면 플라톤도 '허수아비'가 되는 것이다. 아무리 높은 지혜도 젊음만은 못하다.

'인생은 사십부터'라는 말은 '인생은 사십까지'라는 말이다. 다른 것은 몰라도 내가 읽은 소설의 주인공들은 구십삼 퍼센트가 사십 미만의 인물들이다. 그러니 사십부터는 여생인가 한다. 사십 년이라면 인생은 짧다. 그러나 생각을 다시 하면, 그리 짧은 편도 아니다.

"나비 앞장 세우고 봄이 봄이 와요" 하고 부르는 아이들의 나비는 작년에 왔던 나비는 아니다. 강남 갔던 제비가 다시 돌아온다지만 그 제비는 몇 봄이나 다시 올 수 있을까?

키츠가 들은 나이팅게일은 사천 년 전 루스가 이역異域 강냉이밭 속에서 눈물 흘리며 듣던 새는 아니다. 그가 젊었기 때문에 불사조라는 화려한 말을 써본 것이다. 나비나 나이팅게일의 생명보다는 인생은 몇 갑절이 길다.

민들레와 바이올렛이 피고 진달래와 개나리가 피고, 복숭아꽃과 살구꽃 그리고 라일락과 사향장미가 연달아 피는 봄, 이러한 봄을 사십 번이나 누린다는 것은 작은 축복이 아니다. 더구나 봄이, 사십이 넘은 사람에게도 온다는 것은 참으로 다행한 것이다.

녹슨 심장도 피가 용솟음치는 것을 느끼게 된다. 물건을 못 사는 사람에게도 찬란한 쇼윈도는 기쁨을 주나니, 나는 비록 청춘을 잃어버렸다 하여도, 비잔틴 왕궁에 유폐되어 있는 금으로 만든 새를 부러워하지는 않는다. 아아, 봄이 오고 있다. 순간마다 가까워오는 봄!

오월

 오월은 금방 찬물로 세수를 한 스물한 살 청신한 얼굴이다.
 하얀 손가락에 끼여 있는 비취가락지다.
 오월은 앵두와 어린 딸기의 달이요, 오월은 모란의 달이다.
 그러나 오월은 무엇보다도 신록의 달이다. 전나무의 바늘잎도 연한 살결같이 보드랍다.
 스물한 살이 나였던 오월, 불현듯 밤차를 타고 피서지에 간 일이 있다. 해변가에 엎어져 있는 보트, 덧문이 달혀 있는 별장들. 그러나 시월같이 쓸쓸하지 않았다. 가까이 보이는 섬들이 생생한 색이었다.

 得了愛情痛苦
 失了愛情痛告
 얻었도다 애정의 고통을

버렸도다 애정의 고통을

　젊어서 죽은 중국 시인의 이 글귀를 모래 위에 써놓고, 나는 죽지 않고 돌아왔다.

　신록을 바라다보면 내가 살아 있다는 사실이 참으로 즐겁다.

　내 나이를 세어 무엇하리. 나는 지금 오월 속에 있다.

　연한 녹색은 나날이 번져가고 있다. 어느덧 짙어지고 말 것이다. 머문 듯 가는 것이 세월인 것을. 유월이 되면 '원숙한 여인'같이 녹음이 우거지리라. 그리고 태양은 정열을 퍼붓기 시작할 것이다.

　밝고 맑고 순결한 오월은 지금 가고 있다.

가든 파티

 자동차가 물결같이 몰려 들어가는 영국대사관 골목으로 덕수궁 담장을 끼고 걸어가려니까, "여보 어디 가오?" 하고 순경이 검문을 한다. 그는 내 대답에 나를 한 번 다시 훑어 보고는 통과시켜주었다. 나는 그날을 위하여 오래간만에 양복바지를 다려 입었고 이발까지 하였었다. 그날 영국대사관에서는 엘리자베스 여왕 생일축하 가든 파티가 있었다. 윈저 왕실 문장紋章이 금박으로 박혀 있는 초청장을 일주일 전에 받고 나는 퍽 기뻐하였다. 집사람을 데리고 갈까도 하여 보았다. 초청장에는 '미스터 피 앤드 미세스 피'라고 씌어 있었다. 나는 모파상의 소설 〈목걸이〉의 남편을 연상하였다. 〈목걸이〉의 남편인 문교부 하급 공무원은, 은행에 맡겨두었던 예금이 있었다. 나는 그런 예금은 없지만, 좀 무리를 하면 갑사 옷 한 벌쯤 못해줄 바도 아니었다. 그러나 사교성이 없는 여자가 사교적인 여자들 사이에 놓여지면 공연히 쭈뼛

쭈뼛해질 것을 동정하여 나만 가기로 하였다. 사실은 나도 그리 사교적은 아니다.

잘 가꾼 잔디가 영국풍 정원을 자랑하는 화창한 초여름 오후였다. 손님들을 영접하는 에번스 대사와 그 부인에게 축하 인사를 하였다. 그러고 나니 나는 사교에 대하여 약간의 자신이 생기는 것 같았다. 브라스 밴드가 있는 성대한 파티였다. 내외 귀빈들이 많이 왔었다. 특히 부인들의 성장은 화려하고 황홀하였다. "저 여자는 누구 부인일까?" 하고 바라다볼 만치 눈을 끄는 이도 있었다. 그의 남편이 내 옆에 있었다 하더라도, 바라보는 나를 보고 나무라지는 않았을 것이다.

엘리자베스 여왕 사진이 뜰에 모셔져 있었다. 그 앞에는 왕관형으로 된 큰 버스데이 케이크와 영국 기사가 갖는 긴 칼이 놓여 있었다.

연미복을 입고 왼손에 실크 해트를 든 에번스 대사가 칵테일을 들어 손님들과 같이 여왕께 축배를 드리고, 이어서 영국 국가가 연주되었다. 술잔을 손에 들고 서 있는 대사의 얼굴은 엄숙하였다.

영국 국가가 끝나자 곧 이어서 대사 부인은 긴 칼을 들었는데, 케이크를 베는 것은 앞에 사람들이 가려서 보지 못하였으나, 나중에 그 케이크 한 조각을 먹는 영광을 가졌다.

손님들 중에는 아는 분들도 있었는데, 무엇이 겸연쩍은지

나는 한편 구석에 가서 섰었다. 처음에 대사와 인사할 때 가졌던 자신은 점점 없어지는 것이었다. 가슴을 펴고 배에다 힘을 주고 '나는 이 파티에 올 만한 사람이다'라는 자부심을 가져보려고 하였다.

나는 영국과 같이 왕위에 계시되 친히 정치는 아니하는 임금은 국민이 모셔도 좋다고 생각한다. 영국에 왕이 계시므로 여러 자치령들은 본국과 한 나라라는 생각을 갖게 된다. 위에 모실 분이 있어 국민들은 안정감을 갖게 되며, 또 영국의 유구한 전통이 계승된다는 행복감을 느끼리라고 믿는다. 지금과 같이 여왕인 경우에는 한편 더 화려한 감을 준다. 여왕은 우아와 자혜의 상징으로 아름다운 동화를 실현한 느낌을 준다. 영국 역사에 있어 문화가 가장 찬란하던 시대는 16세기 엘리자베스 여왕 때와 19세기 빅토리아 여왕 때이다. 우리 역사를 보더라도 신라의 선덕여왕 때와 진덕여왕 때 그러하였다. 이는 오로지 여왕들의 총명과 자혜스러운 은덕의 결과라고 믿는다.

이렇게 나는 영국의 전통을 숭상하고 여왕을 예찬할 뿐만 아니라 영국의 문학을 읽고 가르치느라고 반생을 보낸 사람이다. 이런 생각을 하며 나는 다시 어느 정도 자신을 회복하였다. 어제 만난 친구 앞으로 가서 악수도 하여보고, 지금은 나를 대수롭게 여기지 않는 시집 잘 간 예전 제자에게 웃는 낯도 해보았다. 손님들 틈으로 돌아다니는 영국 아이의 노란 머리칼을 만져보기도 하였다.

  나에게도 엄마 대신 오고 싶어하는 것을 데리고 오지 않은 딸이 있다.

  그 아이는 엘리자베스 여왕을 사랑한다. 동화에서 읽은 여왕에 대한 동경도 있겠지만, 정말 이 세상에 젊고 아름다운 여왕이 계시다는 것은 그에게 큰 기쁨이 아닐 수 없다.

  육 년 전 부산에서 유치원을 다닐 때 장미 꽃송이 속에서 웃고 계신 여왕의 얼굴을 《타임》지誌 겉장에서 보고, 그 얼굴에다 입을 맞추고는 그 잡지 겉장을 뜯어서 자기 책상 앞 벽에 붙여놓았다.

  환도할 때에도 이 사진을 가지고 왔다. 육 년 후인 지금도 서영이 책상이 놓인 벽에는 그 사진이 붙어 있다.

  그 애는 가끔 그 얼굴을 들여다보며 아름다운 꿈에 잠기곤 하는 모양이다. 이런 딸을 둔 것을 다시 인식하고 누구보다도 내가 이 파티의 주빈이라는 자신을 가져보려 하였다.

  대사관 문을 나올 때, 수위는 나보고 티켓을 달라고 한다. 좀 어리둥절하여 쳐다보니 주차증을 달라는 것이다. 나는 웃으며 자동차들 틈으로 걸어나왔다.

시골 한약국

 나는 학생 시절에 병이 나서 어느 시골에 가서 몇 달 휴양을 하였다. 그때 내가 유하던 집 할아버지의 권고로 용하다는 한약국에 가서 진찰을 받고 약을 한 제 지어 먹은 일이 있었다. 그 의원은 한참 내 맥을 짚어보고는 전신쇠약이니까 녹용과 삼을 넣은 보약을 먹어야 한다고 하였다. 그런데 자기 약방에는 약재가 없고 약 살 돈도 당장 없다고 하였다. 사실 낡은 약장에는 서랍이 많지 않았고 서랍 하나에 걸려 있는 약 저울도 녹이 슬어 있었다.

 약국 천장을 쳐다봐도 먼지 앉은 봉지가 십여 개쯤 매달려 있을 뿐이었다. 어째서 내 마음이 그에게 끌렸는지 그 이틀날 나는 그 한의와 같이 4,50리나 되는 청양靑陽이라는 곳에 가서 내 돈으로 나 먹을 약재를 사고 약국을 해 먹으려면 꼭 있어야 한다는 약재를 사도록 돈을 주었다.

 약의 효험인지, 여름 시냇가에 날마다 낚시질을 다니고

밤이면 곤히 잠을 잔 덕택인지 나는 몸이 건강해져서 서울로 돌아왔다. 내가 돌려주었던 그 돈은 받았는지 받지 못하였는지 지금은 생각이 나지 않는다.

나는 그 후 셰익스피어의 극 〈로미오와 줄리엣〉 속에서 로미오가 독약을 사는 약방, 먼지 앉은 병들과 상자들을 벌여놓은 초라한 약방이 나올 때 비상砒霜조차도 없을 충청도 그 시골 약국을 회상하였다.

양복 한 벌 변변한 것을 못 해 입고 사들인 책들을 사변통에 다 잃어버리고 그 후 오 년 간 애면글면 모은 나의 책은 지금 겨우 삼백 권에 지나지 아니한다. 나는 이 책들을 내가 기른 꽃들을 만져보듯이 어루만져보기도 하고, 자라는 아이를 바라보듯이 대견스럽게 보기도 한다.

물론 내가 구해놓은 이 책들은 예전 그 한방의가 나한테서 돈을 취하여 사온 진피陳皮, 후박厚朴, 감초甘草, 반하半夏, 향인香仁 같은 것들이다.

그런데 우황牛黃, 웅담熊膽, 사향麝香, 영사靈砂, 야명사夜明砂 같은 책자들이 필요할 때면 나는 그 시골 약국을 생각하게 된다.

엄 마

 마당으로 뛰어내려와 안고 들어갈 텐데 웬일인지 엄마의 얼굴은 보이지 않았다. '또 숨었구나!' 방문을 열어봐도 엄마가 없었다. '옳지, 그럼 다락방에 있지.' 발판을 갖다놓고 다락문을 열었으나 엄마는 거기도 없었다. 건넌방까지 가봐도 없었을 때에는 앞이 아니 보였다. 울음 섞인 목소리는 몇 번이나 엄마를 불렀다. 그러나 마루에서 재깍거리는 시계소리밖에는 아무 대답도 들리지 않았다. 나는 두 손으로 턱을 괴고 주춧돌 위에 앉아서 엄마 없는 아이같이 울었다. 그러다가 신발을 벗어서 안고 벽장 속으로 들어갔다.

 나는 그날 유치원에서 몰래 빠져 나왔었다. 순이한테 끌려다니다가 처음으로 혼자 큰 행길을 걷는 것이 어떻게나 기뻤는지 몰랐었다. 금시에 어른이 된 것 같았다. 잡화상 유리창도 들여다보고 약 파는 사람 연설하는 것도 듣고, 아이들 싸움하는 것 구경하고 그느라고 좀 늦게야 온 듯하다.

자다가 눈을 떠보니 캄캄하였다. 나는 엄마를 부르면서 벽장문을 발길로 찼다. 엄마는 달려들어 나를 끌어안았다. 그때 엄마의 가슴이 왜 그렇게 뛰었는지 엄마의 팔이 왜 그렇게 떨렸는지 나는 몰랐었다.

"너를 잃은 줄 알고 엄마는 미친년 모양으로 돌아다녔다. 너는 왜 그리 엄마를 성화 먹이니, 어쩌자고 너 혼자 온단 말이냐. 그리고 숨기까지 하니, 너 하나 믿고 살아가는데, 엄마는 아무래도 달아나야 되겠다."

나들이간 줄 알았던 엄마는 나를 찾으러 나갔던 것이었다. 나는 아무 말도 아니하고 그저 울었다.

그 후 어떤 날 밤에 자다가 깨어보니 엄마는 아니 자고 앉아 무엇을 하고 있었다. 나도 일어나서 무릎을 꿇고 엄마 옆에 앉았다. 엄마는 아무 말도 아니하고 장롱에서 옷들을 꺼내더니 돌아가신 아빠 옷 한 벌에 엄마 옷 한 벌씩 짝을 맞춰 채곡채곡 집어넣고 내 옷은 따로 반닫이에 넣고 있었다. 그것을 보고 나도 모르게 슬퍼졌지만 엄마 품에 안겨서 잠이 들었다. 그 후 얼마 안 가서 엄마는 아빠를 따라가고 말았다.

엄마가 나의 엄마였다는 것은 내가 타고난 영광이었다. 엄마는 우아하고 청초한 여성이었다. 그는 서화에 능하고 거문고는 도道에 가까웠다고 한다. 내 기억으로는 그는 나에게나 남에게나 거짓말 한 일이 없고, 거만하거나 비겁하거나 몰인정한 적이 없었다.

내게 좋은 점이 있다면 엄마한테서 받은 것이요, 내가 많은 결점을 지닌 것은 엄마를 일찍이 잃어버려 그의 사랑 속에서 자라나지 못한 때문이다.

엄마는 아빠가 세상을 떠난 후 비단이나 고운 색깔을 몸에 대신 일이 없었다. 분을 바르신 일도 없었다. 사람들이 자기보고 아름답다고 하면 엄마는 죽은 아빠에게 미안한 생각이 들었을 것이다. 여름이면 모시, 겨울이면 옥양목, 그의 생활은 모시같이 섬세하고 깔끔하고 옥양목같이 깨끗하고 차가웠다. 황진이처럼 멋있던 그는 죽은 남편을 위하여 기도와 고행으로 살아가려고 했다. 폭포 같은 마음을 지닌 채 호수같이 살려고 애를 쓰다가 바다로 가고야 말았다.

엄마가 이 세상에서 마지막으로 한 말은 내 이름을 부른 것이었다. 나는 그 후 외지로 돌아다니느라고 엄마의 무덤까지 잃어버렸다. 다행히 그의 사진이 지금 내 책상 위에 놓여 있다. 삼십 시대에 세상을 떠난 그는 언제나 젊고 아름답다. 내가 새 한 마리 죽이지 않고 살아온 것은 엄마의 자애로운 마음이요, 햇빛 속에 웃는 나의 미소는 엄마한테서 배운 웃음이다. 나는 엄마 아들답지 않은 때가 많으나 그래도 엄마의 아들이다.

나는 엄마 같은 애인이 갖고 싶었다. 엄마 같은 아내를 얻고 싶었다. 이제 와서는 서영이나 아빠의 엄마 같은 여성이 되기를 바랄 뿐이다. 그리고 또 하나 나의 간절한 희망은 엄마의 아들로 다시 태어나는 것이다.

"꼭꼭 숨어라, 머리카락 보인다."

엄마와 나는 숨기내기를 잘하였다. 그럴 때면 나는 엄마를 금방 찾아냈다. 그런데 엄마는 오래오래 있어야 나를 찾아냈다. 나는 다락 속에 있는데, 엄마는 이 방 저 방 찾아다녔다. 다락을 열고 들여다보고서도 "여기도 없네" 하고 그냥 가버린다. 광에도 가보고 장독 뒤도 들여다보는 것이 아닌가. 하도 답답해서 소리를 내면 그제서야 겨우 찾아냈다. 엄마가 왜 나를 금방 찾아내지 못하는지 나는 몰랐다.

엄마와 나는 구슬치기도 하였다. 그렇게 착하던 엄마도 구슬치기를 할 때는 아주 떼쟁이였다. 그런데 내 구슬을 다 딴 뒤에는 그 구슬들을 내게 도로 주었다. 왜 그 구슬들을 내게 도로 주는지 나는 몰랐다.

한 번은 글방에서 몰래 도망왔다. 너무 이른 것 같아서 행길을 좀 돌아다니다가 집에 돌아왔다. 내 생각으로는 그만하면 상당히 시간이 지난 것 같았다. 그런데 집에 들어서자 엄마는 왜 이렇게 일찍 왔느냐고 물었다. 어물어물했더니, 엄마는 회초리로 종아리를 막 때린다. 나는 한나절이나 울다가 잠이 들었다. 자다 눈을 뜨니 엄마는 내 종아리를 만지면서 울고 있었다. 왜 엄마가 우는지 나는 몰랐다.

나는 글방에 가기 전부터 '추상화'를 그렸다. 엄마는 그 그림에 틀을 만들어서 벽에 붙여놓았다. 아직 우리나라에는 추상화가 없을 때라, 우리 집에 오는 손님들은 아마 우리 엄마가 좀 돌았다고 생각하였을 것이다. 엄마는 새로 지은 옷을 내게 입혀보는 것을 참 기뻐하였다. 옷 입히는 동안 내가 몸을 가만두지 않는다고 야단이었다. 작년에 집어넣었던 것을 다 내어도 길이가 짧다고 좋아하셨다. 그런데 내 키가 지금도 작은 것은 참 미안한 일이다.

밤이면 엄마는 나를 데리고 마당에 내려가 별 많은 하늘을 쳐다보았다. 북두칠성을 찾아 북극성을 가르쳐주었다. 은하수는 별들이 모인 것이라고 일러주었다. 나는 그때 그것을 이해할 수가 없었다. 불행히 천문학자는 되지 못했지만, 나는 그 후부터 하늘을 쳐다보는 버릇이 생겼다.

엄마는 나에게 어린 왕자 이야기를 하여주었다. 나는 왕자를 부러워하지 않았다. 전복을 입고 복건을 쓰고 다니던 내가 왕자 같다고 생각하여서가 아니라 왕자의 엄마인 황후보다 우리 엄마가 더 예쁘다고 믿었기 때문이었다. 그렇게 예쁜 엄마가 나를 두고 달아날까봐 나는 가끔 걱정스러웠다. 어떤 때는 엄마가 나의 정말 엄마가 아닌가 걱정스러운 때도 있었다. 엄마가 나를 버리고 달아나면 어쩌느냐고 물어보았다. 그때 엄마가 세 번이나 고개를 흔들었다. 그렇게 영영 가버릴 것을 왜 세 번이나 고개를 흔들었는지 지금도 나는 알 수가 없다.

나의 사랑하는 생활

 나는 우선 내 마음대로 쓸 수 있는 돈이 지금 돈으로 한 오만 원쯤 생기기도 하는 생활을 사랑한다. 그러면은 그 돈으로 청량리 위생병원에 낡은 몸을 입원시키고 싶다. 나는 깨끗한 침대에 누웠다가 하루에 한두 번씩 더웁고 깨끗한 물로 목욕을 하고 싶다. 그리고 우리 딸에게 제 생일날 사주지 못한 빌로도 바지를 사주고, 아내에게는 비하이브 털실 한 폰드 반을 사주고 싶다. 그리고 내 것으로 점잖고 산뜻한 넥타이를 몇 개 사고 싶다. 돈이 없어서 적조하여진 친구들을 우리 집에 청해 오고 싶다. 아내는 신이 나서 도마질을 할 것이다. 나는 오만 원, 아니 십만 원쯤 마음대로 쓸 수 있는 돈이 생기는 생활을 가장 사랑한다. 나는 나의 시간과 기운을 다 팔아버리지 않고, 나의 마지막 십분지 일이라도 남겨서 자유와 한가를 즐길 수 있는 생활을 하고 싶다.

 나는 잔디를 밟기 좋아한다. 젖은 시새를 밟기 좋아한다.

고무창 댄 구두를 신고 아스팔트 위를 걷기를 좋아한다. 아가의 머리칼을 만지기 좋아한다. 새로 나온 나뭇잎을 만지기 좋아한다. 나는 보드랍고 고운 화롯불 재를 만지기 좋아한다. 나는 남의 아내의 수달피 목도리를 만져보기 좋아한다. 그리고 아내에게 좀 미안한 생각을 한다.

나는 아름다운 얼굴을 좋아한다. 웃는 아름다운 얼굴을 더 좋아한다. 그러나 수수한 얼굴이 웃는 것도 좋아한다. 서영이 엄마가 자기 아이를 바라보고 웃는 얼굴도 좋아한다. 나 아는 여인들이 인사 대신으로 웃는 웃음을 나는 좋아한다.

나는 아름다운 빛을 사랑한다. 골짜기마다 단풍이 찬란한 만폭동, 앞을 바라보며 걸음이 급하여지고 뒤를 돌아다보면 더 좋은 단풍을 두고 가는 것 같아서 어쩔 줄 모르고 서 있었다. 예전 우리 유치원 선생님이 주신 색종이 같은 빨간색, 보라, 자주, 초록, 이런 황홀한 색깔을 나는 좋아한다. 나는 우리나라 가을 하늘을 사랑한다. 나는 진주빛 비둘기빛을 좋아한다. 나는 오래된 가구의 마호가니빛을 좋아한다. 늙어가는 학자의 희끗희끗한 머리칼을 좋아한다.

나는 이른 아침 종달새 소리를 좋아하며, 꾀꼬리 소리를 반가워하며, 봄 시냇물 흐르는 소리를 즐긴다.

갈대에 부는 바람 소리를 좋아하며, 바다의 파도 소리를 들으면 아직도 가슴이 뛴다. 나는 골목을 지나갈 때 발을 멈추고 한참이나 서 있게 하는 피아노 소리를 좋아한다.

나는 젊은 웃음 소리를 좋아한다. 다른 사람 없는 방 안에서 내 귀에다 귓속말을 하는 서영이 말소리를 좋아한다. 나는 비 오시는 날 저녁때 뒷골목 선술집에서 풍기는 불고기 냄새를 좋아한다. 새로운 양서洋書 냄새, 털옷 냄새를 좋아한다. 커피 끓이는 냄새, 라일락 짙은 냄새, 국화·수선화·소나무의 향기를 좋아한다. 봄 흙 냄새를 좋아한다.

나는 사과를 좋아하고 호도와 잣과 꿀을 좋아하고 친구와 향기로운 차 마시기를 좋아한다. 군밤을 외투 호주머니에다 넣고 길을 걸으면서 먹기를 좋아하고, 찰스 강변을 걸으면서 핥던 콘 아이스크림을 좋아한다.

나는 아홉 평 건물에 땅이 오십 평이나 되는 나의 집을 좋아한다. 재목은 쓰지 못하고 흙으로 진 집이지만 내 집이니까 좋아한다. 화초를 심을 뜰이 있고 집 내놓으라는 말을 아니 들을 터이니 좋다. 내 책들은 언제나 제자리에 있을 수 있고 앞으로도 오랫동안 이 집에서 살면 집을 몰라서 놀러 오지 못할 친구는 없을 것이다.

나는 삼일절이나 광복절 아침에는 실크 해트를 쓰고 모닝 코트를 입고 싶은 충동을 느낀다. 그러나 그것은 될 수 없는 일이다. 여름이면 베 고의 적삼을 입고 농립을 쓰고 짚신을 신고 산길을 가기 좋아한다.

나는 신발을 좋아한다. 태사신, 이름 쓴 까만 운동화, 깨끗하게 씻어 논 파란 고무신, 흙이 약간 묻은 탄탄히 삼은 짚신, 나의 생활을 구성하는 모든 작고 아름다운 것들을 사랑한다. 고운 얼굴을 욕망 없이 바라다보며, 남의 공적을 부러움 없이 찬양하는 것을 좋아한다. 여러 사람을 좋아하며 아무도 미워하지 아니하며, 몇몇 사람을 끔찍이 사랑하며 살고 싶다. 그리고 나는 점잖게 늙어가고 싶다. 내가 늙고 서영이가 크면 눈 내리는 서울 거리를 같이 걷고 싶다.

멋

 골프채를 휘두른 채 떠가는 볼을 멀리 바라다보는 포즈, 바람에 날리는 스커트, 이것은 멋진 모습이다.
 변두리를 툭툭 건드리며 오래 얼러보다가 갑자기 달려들어 두들기는 북채, 직성을 풀고는 마음 가라앉히며 미끄러지는 장삼자락, 이것도 멋있는 장면이다.
 그러나 진정한 멋은 시적詩的 윤리성倫理性을 내포하고 있다. 멋 속에는 스포츠맨십 또는 페어 플레이라는 말이 들어 있다. 어떤 테니스 시합에서 A선수가 받아야 할 인사이드 볼이 심판의 오심으로 아웃으로 판정되었다. 관중들은 자기네 눈을 의심하였다. 잇따라 A선수가 서브를 들이게 되었다. 그는 일부러 그러나 아주 자연스럽게 더블 아웃을 내었다. 그때 그의 태도는 참으로 멋있는 것이었다.
 저속한 교태를 연장시키느라고 춘향을 옥에서 하룻밤 더 재운 이몽룡은 멋없는 사나이였다.

무력武力으로 오스트리아 공주 마리 루이즈를 아내로 삼은 나폴레옹도 멋없는 속물이었다. 비록 많은 여자를 사랑했다 해서 비난을 받지만 1823년 이탈리아의 애국자들이 분열되었을 때 "나는 이탈리아 독립을 위하여 피를 흘리려 하였으나, 이제 눈물을 흘리며 떠난다"는 스테이트먼트를 발표하고 희랍으로 건너가 남의 나라의 독립과 자유를 위하여 재산과 목숨을 바친 영국 시인 바이런은 참으로 멋진 사나이였다.

멋있는 사람은 가난하여도 궁상맞지 않고 인색하지 않다. 폐포 파립弊袍破笠을 걸치더라도 마음이 행운유수行雲流水와 같으면 곧 멋이다. 멋은 허심하고 관대하며 여백餘白의 미가 있다. 받는 것이 멋이 아니라, 선뜻 내어주는 것이 멋이다. 천금을 주고도 중국 소저小姐의 정조를 범하지 아니한 통사通事 홍순언洪淳彦은 우리나라의 멋있는 사나이였다.

논개論介와 계월향桂月香은 멋진 여성이었다. 자유와 민족을 위하여 청춘을 버리는 것은 멋있는 일이다. 그러나 황진이도 멋있는 여자다. 누구나 큰 것만을 위하여 살 수는 없다. 인생은 오히려 작은 것들이 모여 이루어지는 것이다.

강원도 어느 산골에서였다. 키가 크고 늘씬한 젊은 여인이 물동이를 이고 바른손으로 물동이 전면에서 흐르는 물을 휘뿌리면서 걸어오고 있었다. 그때 또 하나의 젊은 여인이 저편 지름길로부터 나오더니 또아리를 머리에 얹으며 물동이를 받아 이려 하였다. 물동이를 인 먼저 여인은 마중 나온 여인의 머리에 놓인 또아리를 얼른 집어던지고 다시 손으로 동이에 흐르는 물을 쓸며 뒤도 아니 돌아보고 지름길로 걸어들어갔다. 마중 나왔던 여자는 웃으면서 또아리를 집어들고 뒤를 따랐다. 이 두 여인은 동서가 아니면 아마 시누 올케였을 것이다. 그들은 비너스와 사이키보다 멋이 있었다. 멋이 있는 사람은 멋있는 행동을 하는 사람이다. 그리고 이런 작고 이름지을 수 없는 멋 때문에 각박한 세상도 살아갈 수 있는 것이다. 나는 이 광경을 바라다보고 인생은 살 만한 것이라고 생각했다.

반사적 광영

 도산 선생을 처음 만나보았을 때의 일이다. 선생이 잠깐 방에서 나가신 틈을 타서 선생의 모자를 써보고 나는 대단히 기뻐했다. 그 후 어느 날 나는 선생이 짚으시던 단장과 거의 비슷한 것을 살 수 있었다. 어떤 친구를 보고 선생이 주신 것이라고 뽐냈더니 그는 애원애원하던 끝에 한턱을 단단히 쓰고 그 단장을 가져갔다. 생각하면 지금도 꺼림칙할 때가 있다. 그러나 다시 생각하면 그 친구로 하여금 그가 그 단장을 잃어버릴 때까지 수년간 무한한 기쁨을 누리게 하였으니, 나는 그에게 큰 은혜를 베푼 셈이다.
 몇 해 전 영국 대사의 초대에서 돌아오니 서영이가 달려 나오면서 내 손을 붙들고 흔든다. 왜 그러느냐고 물었더니 서영이 말이, 대사 부인은 엘리자베스 여왕과 악수를 하였을 터이니 그이 손과 악수를 한 아빠 손을 잡고 흔들면 여왕과 악수를 한 것이 된다는 것이다.

예전 우리나라 예법으로는 임금이 잡으신 손은 아무도 다치지 못하도록 비단으로 감고 다녔다고 한다. 그 존귀한 손의 소유자는 일생을 손이 하나 없는 불구자같이 살면서도 늘 행복을 느꼈으리라. 잘못 역적으로 몰려 잡혀갈 때라도 형조관헌刑曹官憲들도 그 손만은 건드리지 못하였을 터이니, 그는 붙들려 가면서도 자못 황은이 망극하였을 것이다.

옛날 왕의 이야기가 나왔으니 말이지, 어떤 영국 사람이 자기 선조가 영국 왕 헨리 6세의 지팡이에 맞아 머리가 깨진 것을 자랑삼아 써놓은 글을 읽은 적이 있다.

바이런이 영국 사교계의 우상이었던 때, 사람들은 바이런같이 옷을 입고 바이런같이 머리를 깎고 바이런같은 웃음을 웃고 걸음걸이도 바이런같이 걸었다. 그런데 바이런은 약간 절름발이였다.

내가 더 젊었을 때 잉그리드 버그만이 필립 모리스를 핀다는 기사를 읽고 담배 피지 않는 내가 모리스 한 갑을 피워본 일이 있다. 이십 센트로 같은 순간에 같은 기쁨을 가졌던 것이다. 담배와 술 그리고 화장품까지에도 관록이 붙는다. 웰링턴이 다닌 이튼 학교, 글래드스턴이 앉아서 공부하던 책상, 이런 것들의 서광은 찬란하고 또한 당연한 것이다. 미국 보스턴 가까이에 있는 케임브리지라는 도시에 롱펠로의 〈촌 대장장이〉라는 시로 유명해진 큰 밤나무가 하나 서 있었다. 이 나무가 도시계획에 걸려 물의를 일으킨 일이 있었다. 신문 사설에까지 대립된 논쟁이 벌어졌으나 마침내 그 밤나무는 희생이 되고 말았다. 소학교 학생들은 1센트씩 돈을 모아 그 밤나무로 안락의자를 하나 만들어 롱펠로에게 선사하였다. 시인은 가고 의자만이 지금도 그가 살고 있던 집에 놓여 있다. 나는 잠깐 그 의자에 앉아보았다. 그리고 누가 보지나 않았나 하고 둘러보았다.

얼마 전 일이다. 어떤 친구가 길에서 나를 붙들고 "박 사장하고 사돈이 되게 됐네" 하고 자랑을 한다. 그것도 그럴 것이다. 해방 전에 박 사장과 저녁 한 끼 같이 먹은 것을 두고두고 이야기하던 그가 아니었던가(박 사장은 라디오 드라마에 나오는 흔한 사장은 아니다). 하물며 수양대군파라든지 또는 송우암의 몇 대 손이라든지 이런 것을 따지는 명문 거족의 족보는 이 얼마나 귀중한 문서랴! 양반이 아니라서 그런지 우리 집에는 족보가 없다. 이것이 나를 슬프게 하는 것들의 하나다.

하버드 대학에는 로링스라는 키츠 학자로 유명한 교수가 있었다. 스물여섯에 죽은 시인을 연구하느라고 칠십 평생 다 보내고 아직도 숨을 헐떡이면서 《엔디미온》을 강의하고 있었다. 그는 천재에 부닥치는 환희를 즐기는 모양이었다. 로링스 교수뿐이랴. 그 수많은 셰익스피어 학자들, 비평가들은 자기들이 저 위대한 시인과 가까운 거리에 놓여 있는 줄 알고 있는 것이다. 보즈웰이 《존슨 전기》로 영문학사에 영구한 자리를 차지하고 있는 것은 다행한 예라고 하겠다.

  끝으로 나는 1954년 크리스마스 이브를 프로스트와 같이 보내고 헤어질 때 그가 나를 껴안았다는 말을 아니할 수 없다. 나는 범속한 사람이기 때문에 달이 태양의 빛을 받아 비치듯, 이탈리아의 플로렌스가 아테네의 문화를 받아 빛났듯이, 남의 광영을 힘입어 영광을 맛보는 것을 반사적 광영이라고 한다.

  사람은 저 잘난 맛에 산다지만, 사실은 대부분의 사람들은 남 잘난 맛에 사는 것이다. 이 반사적 광영이 없다면 사는 기쁨은 절반이나 감소될 것이다.

피가지변 皮哥之辯

"피가皮哥가 다 있어!"

이런 소리를 듣게 되는 것은 皮가가 드물기 때문이다. 그 두터운 전화번호부에도 皮가는 겨우 열이 될까말까 하다. 현명하게도 우리 선조들은 인구 소동이 날 것을 아시고 미리부터 산아제한을 해왔던 모양이다. 皮가가 金가보다 이상할 것은 하나도 없다. 우간다 사람에게는 닥터 김이나 닥터 피나 다 비슷하리라.

그래도 왜 하필 皮씨냐고?

옛날에 우리 조상께서 제비를 뽑았는데 皮씨가 나왔다. 皮가도 좋지만 더 좋은 성姓이었으면 하고 다시 한 번 뽑기를 간청했다. 그때만 해도 면직원들이 어수룩하던 때라 한 번만 다시 뽑게 하였다. 이번에는 毛씨가 나왔다. 毛씨도 좋지만 毛는 皮에 의존한다고 생각하셨기에 아까 뽑았던 皮씨를 도로 달래 가지고 돌아왔다. 그 후 대대로 우리는 皮씨가 좋은 성 중의 하나라고 받들어왔다. 일정日政 말기에 창씨라는 짧은 막간희극이 있었다. 자칫 길었더라면 비극이 되는 것을 짧은 것이 천만다행이다.

성은 皮가라도 옥관자玉貫子 맛에 다닌다는 말이 있다. 관자라는 것은 금·옥 또는 뼈나 뿔로 만든 것으로, 망건줄을 꿰는 단추같이 생긴 작은 고리다. 옥관자에는 두 가지 종류가 있는데, 새김을 넣은 것은 당상 정삼품堂上正三品에 있는 사람이 다는 것이요, 새김을 넣지 않은 것은 종일품從一品이나 달 수 있는 것이다. 皮씨가 달던 것은 물론 후자는 아닐 게고, 전자라 하더라도 상당한 양반이 아닐 수 없다. 그런데 희성稀姓이기는 하지만 어찌하여 역사에 남은 이름이 그다지도 없었던가? 알아보니, 皮씨의 직업은 대개가 의원醫員이요, 그 중에는 시의侍醫도 있었다는 것이다. 그런데 어전御前까지 가까이 들어가려면 적어도 당상 정삼품은 되어야 했다. 의원은 양반이 아니요 중인이나, 편법으로 피주부皮主簿에게 옥관자가 허락되었던 것이다. 의학을 공부하는 우리 아이는 옥관자는 못 달더라도 우간다에 가서 돈을 많이 벌어가지고 올 것이다.

나의 선친께서는 종로, 지금 화신 건너편에서 신전을 하셨다. 皮씨가 가죽신 장사를 하여 부자가 되었다고들 한다. 그러나 성 밑에 붙는 칭호가 없어 허전하였는지 구한말舊韓

末기에 주사主事라는 벼슬을 돈을 내고 샀다. 관직이라기보다는 칭호를 얻은 것이다. 내가 여섯 살 때 '皮主事宅入納'이라고 쓴 봉투를 본 일이 있다. 그리고 우리도 양반이라고 생각했다. 그런데 돈 주고 살 바에야 왜 겨우 '主事'를 사셨는지 모를 일이다. 돈만 많이 내면 승지承旨도 살 수 있지 않았을까? 나는 진사進士라는 칭호를 좋아한다. 정승政丞보다도 판서判書보다도 진사를 좋아한다. 그러나 진사는 팔지 않았는지도 모른다. 아무튼 선친께서는 주사主事로 만족했던 모양이다. 주사가 아닌 나는 피 선생 하면 된다. 어떤 피 선생이냐고 묻는 사람은 없다. 설사 있더라도 키 작은 피 선생이라 하면 그만이다. 이는 김가로는 될 수 없는 일이다.

 섭섭한 것은 피씨는 서열에 있어서 가나다 순으로 하나 ABC 순으로 하나 언제나 꼴찌에 가깝다는 것이다. 나는 학교 다닐 때 키가 작아서 횡렬로 서서 번호를 부를 때도 늘 말석을 면치 못하였다.

 성 이야기를 하다 보니 내 이름에 대해서도 할 말이 있다. 千得이라 하면 그리 점잖은 이름은 못 된다. 이름이라도 풍채 좋은 것으로 바꿔볼까 한 때도 있었다. 그러나 엄마가 부르던 이름을 내 어찌 고치랴! 로즈를 다른 이름으로 불러도 여전히 향기로울 것이라는 말은 줄리엣 같은 소녀의 단순한 생각에서 나온 것이다. 로즈라는 음향 속에는 영국 사람들의 한없는 정서가 깃들여 있는 것이다. 그리고 로즈라는 어음이나 글자는 가지가지 인연 얽힌 추억을 가져다줄 것이다. 원래 나는 하늘에서 얻었다고 天得인데 호적계의 과실로 하늘 천天자가 일천 천千으로 되어버렸다. 이름풀이 하는 사람은 내가 부자로 살 것을 이름의 획수가 하나 적어서 가난하게 지낸다고 한다. 내가 부자로 못 사는 것은 오로지 경성부청 호적계 직원의 탓일지도 모른다.

 아무려나 50년 나와 함께 하여, 헐어진 책등같이 된 이름, 금박金箔으로 빛낸 적도 없었다. 그런대로 아껴 과히 더럽히지나 않았으면 한다.

이 야 기

"태초에 말씀이 계시니라."

사람은 말을 하고 산다. 심리학자들의 말에 의하면, 우리는 생각까지도 말을 빌려 한다고 한다. 그리고 우리는 꿈속에서도 말을 하는 것이다. 물건 매매도, 교육도, 그 좋아들 하는 정치도 다 말로 한다. 학교는 말을 가르치는 곳이요, 국회는 시저 때부터 지금까지 말을 하는 곳이다. 수많은 다방도 다 말을 하기 위한 곳이다. 런던에서 맨 먼저 개점한 윌리라는 커피 하우스는 애디슨과 스틸이 만나서 말하던 장소였다. 가정 부인들은 구공탄, 빨랫비누, 그 어휘는 몇 마디 안 되지만 하루 종일 말을 하고 있다. 이삼 일이면 끝낼 김장을 한 달 전부터 김장이란 말을 자꾸자꾸 되풀이하고, 그 김장을 다 먹을 때까지 날마다 날마다 김치라는 말을 한다.

"나는 말주변이 없어" 하는 말은 "나는 무식한 사람이다, 둔한 사람이다" 하는 소리다. 화제의 빈곤은 지식의 빈곤,

경험의 빈곤, 감정의 빈곤을 의미하는 것이요, 말솜씨가 없다는 것은 그 원인이 불투명한 사고방식에 있다. 말을 할 줄 모르는 사람은 후진국이 아니고는 사회적 지도자가 될 수 없다. 진부한 어구, 애매한 수식어, 패러그래프 하나 구성할 수 없는 많은 지도자들. 그렇지 않으면 수도에서 물이 쏟아지듯이 말이 연달아 나오지마는 그 내용이야말로 수돗물같이 무미할 때 정말 정나미가 떨어진다. 케네디를 케네디로 만든 것은 무엇보다도 그의 말이다. 소크라테스, 플라톤, 공자 같은 성인도 말을 잘하였기 때문에 그들의 사상이 전파 계승된 것이다. 덕행에 있어 그들만한 사람들이 있었을 것이나, 그들과 같이 말을 할 줄 몰라서 역사에 자취를 남기지 못한 것이다. 결국 위인은 말을 잘하는 사람이 아닌가 한다.

"말은 은이요, 침묵은 금이다"라는 격언이 있다. 그러나 침묵은 말의 준비 기간이요, 쉬는 기간이요, 바보들이 체면을 유지하는 기간이다. 좋은 말을 하기에는 침묵을 필요로 한다. 때로는 긴 침묵을 필요로 한다. 말을 잘한다는 것은 말을 많이 한다는 것은 아니요, 농도 진한 말을 아껴서 한다는 말이다. 말은 은같이 명료할 수도 있고 알루미늄같이 가벼울 수도 있다. 침묵은 금같이 참을성 있을 수 있고, 납같이 무겁고 구리같이 답답하기도 하다. 그러나 금강석 같은 말은 있어도 그렇게 찬란한 침묵은 있을 수 없다. 클레오파트라의 사랑은 말로 이루어지고 말로 깨졌다.

나는 이야기를 좋아한다. 초대를 받았을 때 우선 그 주인과 거기에 나타날 손님을 미루어보아 그 좌석에서 전개될 이야기를 상상한다. 좋은 이야기가 나올 법한 곳이면 아무리 바쁜 때라도 가고, 그렇지 않을 것 같으면 비록 성찬이 기다리고 있다 하더라도 아니 가기로 한다. 피난 시절에 음식을 따라다니던 것은 슬픈 기억의 하나다. 나는 이야기가 하고 싶어서 추운 날 먼 길을 간 일이 있고, 밤을 새우는 것도 예사였다. 찻주전자에 물이 끓고 방이 더우면 온 세상이 우리의 것인 것 같았다. 한밤중에 구워 먹을 인절미라도 있으면 방이 어두워 손을 데이더라도 거기서 더 기쁜 일은 없었을 것이다. 눈 오는 날 다리 저는 당나귀를 타고 친구를 만나러 가는 그림이 있다. 만나서 즐거운 것은 청담淸談이리라. 말없이 나가서 술을 받아오는 그 집 부인을 상상한들 어떠리.

요즈음 어떤 여성들은 첫번 만날 때 있는 말을 다 털어놓는다. 남의 말을 정성껏 듣는 것도 말을 잘 하는 방법인데 남이 말할 새 없이 자기 말만 하여서 얼마 되지 아니하는 바닥이 더 빨리 드러나는 것이다. 그리고 다음 만날 때는 예전에 한 이야기를 되풀이하기 시작한다. 아름답게 생긴 여성이 이야기를 시작한 지 삼 분이 못 되어 싫증이 나는 수가 있다. 얼굴은 그저 수수하되 말을 할 줄 아는 여인이 좋다. 내가 한 말을 멋있게 받아넘기는 그러한 여성이라면 얼굴이 좀 빠져도 사귈 맛이 있을 것이다.

나는 거짓말을 싫어한다. 그러나 이야기를 재미있게 하기 위하여 거짓말을 약간 하는 것은 그리 나쁜 일은 아니다. 정직을 위한 정직은 필요로 하지 아니한다. 영국에서는 남에게 해를 끼치지 아니하는 거짓말을 하얀 거짓말이라고 하고, 죄 있는 거짓말을 까만 거짓말이라고 한다. 이야기를 재미있게 하기 위하여 하는 거짓말은 오색이 영롱한 무지개빛 거짓말인 것이다.

이야기를 하노라면 자연히 남의 이야기를 하게 된다. 남의 이야기를 한다는 것은 재미있는 일이요, 이해관계 없이 남의 험담을 한다는 것은 참으로 재미있는 일이다. 이런 재미도 없이 어떻게 답답한 이 세상을 살아간단 말인가. 내가 외국에서 가장 괴롭던 것은 남의 험담을 하지 못하던 일이다. 남의 말을 해서는 안 된다는 사람은 위선자가 틀림없다. 수십억이 된다는 모 부정축재자의 아내가 집을 뛰쳐나와 타이피스트가 되었다는 이야기를 왜 하여서는 아니되는가?

우리는 이야기를 하고 산다. 그리고 모든 경험은 이야기로 되어버린다. 아무리 슬픈 현실도 아픈 고생도 애끊는 이별도 남에게는 한 이야기에 지나지 않을 것이다. 그리고 세월이 흐르면 당사자들에게도 한낱 이야기가 되어버리는 것이다. 그날의 일기도 훗날의 전기도 치열했던 전쟁도 유구한 역사도 다 이야기에 지나지 아니한다.

잠

잠에 대한 기억을 더듬어보면, 엄마 젖을 물고 잠든 기억은 없고, 엄마 옷고름을 내 손가락에다 감고 잠이 들던 것만이 생각난다. 한 번은 밤 나들이를 갔다가 졸음이 와서 엄마를 못살게 굴었는데, 업혔던 처네 끈이 끌러지는 바람에 눈을 떠보니 어느 틈에 집에 와 있었다. 또 어떤 날 밤 집안 식구들이 잔치 준비 하느라고 부산한 통에 나는 밀가루 반죽으로 새를 만들다가 더운 아랫목에 쓰러져 자던 것이 생각난다. 지금도 이부자리를 깔지 않고 옷도 벗지 않은 채 쓰러져 자는 잠이 참 달다. 이런 때 자리를 깔고 흔들어 깨우는 것같이 미운 것은 없다. 그때는 벌써 잠은 달아난 것이다.

듣기 싫은 이야기를 남이 늘어놓으면 눈을 감고 있다가 자버리는 친구가 있었다. 나는 그런 배짱은 없지만 목사님 설교를 들으면서 곧잘 잠을 잔다. 찬미 소리에 잠이 깨면 천당에 갔다 온 것 같다. 나는 회의석상에서도 조는 수가 일쑤다. 한참 자다 깨어도 토의는 별로 진전이 없고 여전히 갑론을박을 되풀이하고 있다. 그 동안에 어떤 사항이 결정되었다 하더라도 상관은 없을 것이다. 중요한 것이라면 나중에 자연히 알게 된다. 나는 언젠가 어떤 노름판 한구석에서 단잠을 잔 일이 있다. 밤참이 들어왔다고 잠을 깨워도 일어날래야 일어날 수가 없었다. 또 언젠가는 요정에서 취한 친구들이 떠들어댈 때 나 혼자 기생의 무릎을 베고 단잠을 잤었다.

  밤 가는 줄 모르고 술을 마셨다면 멋있는 것 같기도 하나, 이런 향락은 자연과 인생이 주는 가지가지의 기쁨과 맞바꾸어야 되는 것이다. 잠을 못 잔 사람에게는 풀의 향기도 새소리도 하늘도, 신선한 햇빛조차도 시들해지는 것이다. 잠을 희생하는 대가는 너무나 크다. 끼니를 한두 끼 굶고는 웃는 낯을 할 수 있으나, 잠을 하루 못 잤다면 찌푸릴 수밖에 없다. 친구가 산책을 거부하거든 그가 전날 밤 잠을 잘 못 잤다고 인정하라. 작은 일에 신경질을 부리는 때에도 그리 알라. 마음과 몸이 아무리 지쳤다 하더라도 잠만 잘 자면 이튿날 거뜬히 일어나 어떠한 일이라도 할 수가 있는 것이다.

  잠 못 드는 정취를 나라고 모르는 바는 아니다. '다정도 병인 양하여 잠 못 들어 하노라' 이런 심정이라든지, '밤중의 만정 명월이 고향인 듯하여라' 같은 아취는 잠 못 자는 사람이 아니고는 모를 것이다. 하늘에 수많은 별들을 생각할 때

잠 못 드는 사람도 있을 것이요, 밤이 너무 아름다워 나룻배를 타고 맨해튼과 브루클린 사이를 밤새껏 왔다갔다한 애인들도 있을 것이다.

그러나 잠을 방해하는 큰 원인은 욕심이다. 물욕, 권세욕, 애욕, 거기에 따르는 질투, 모략 이런 것들이 잠을 이루지 못하게 하는 수가 많다. 거지는 한국은행 돌층계에서도 잠을 잘 수가 있다. 나는 면화를 실은 트럭 위에서 네 활개를 벌리고 자는 인부들을 본 일이 있다. 그때 바로 그 뒤에는 고급 자가용 차가 가고 있었다. 그 차 속에는 불면증에 걸린 핼쑥한 부정축재자의 얼굴이 있었다.

잠자는 것을 바라보면 연민의 정이 일어난다. 쌔근거리며 자는 애기, 억지 쓰다가 잠이 든 더러운 얼굴, 내가 종아리를 맞고 자는 것을 들여다보고 엄마는 늘 울었다고 한다. 입을 벌리고 자는 여편네 얼굴은 밉기도 하지만 불쌍하기도 하다. 잠이 채 깨지 않은 여인의 전화받는 음성은 애련하기 짝이 없다. 잠은 모든 욕심에서 해탈된 상태이므로 독재자가 자는 꼴도 불쌍할 것이다. 옛날에 나이트는 적이라도 자는 것을 죽이지는 않았다고 한다. 어떤 사람은 "짧은 수명에서 잠자는 시간을 빼면 훨씬 짧아질 것이다"라고 말한다. 잠이 얼마나 흐뭇하고 달콤한가를 생각지 않고 하는 말이다. 어렸을 때 나는 절 구경을 갔다가 극락세계를 그려놓은 벽화를 보고 연화대가 그렇게 할 일이 없는 한가한 곳이라면 아예 아니 가겠다고 생각한 적이 있다. 만약 천국에 잠이란 것이 없다면 그곳이 아무리 아름다운 곳이라도 나는 정말 가지 않겠다. 내가 보스턴 미술관에서 본 수많은 그림 중에서 기억에 남는 것이 둘 있다. 그런데 둘 다 자는 것을 그린 그림이다. 하나는 밀레의 그림으로 농부들이 들에서 낮잠 자는 것을 그린 것이요, 또 하나는 누구의 것인지 잊었지만 잠을 자는 소녀와 그것을 들여다보고 있는 소년을 그린 것이다. 왜 구태여 이 두 그림이 기억에 남아 있을까? 나는 그때 향수병에 걸려 잠을 잘 자지 못하는 때였으므로, 잠을 자고 있는 그들의 건강한 모습이 끔찍이 부러웠던 까닭인가보다. 잠은 근심을 잊게 하고 아픔을 잊게 하고 자는 동안만이라도 슬픔을 잊게 한다. 잠이 없었던들 우리는 모두 정신병자가 되었을 것이다. 전문 의사의 말을 들으면 정신병에 가장 효과가 있는 요법은 잠을 재우는 것이라고 한다. 너의 슬픔 그 무엇이든지 잠 속에 스러질 거다. 그리고 잠은 서대문 형무소에도 온양호텔에도 다 같이 찾아오는 것이다.

  시계추를 멈춰놓고 잠이 들어보려고 애쓰는 사람과 자명종 시계를 서랍 속에 집어던지고 다시 잠이 들어버리는 사람에게는 행복에 큰 차이가 있다. 커피는 물론 홍차, 코카콜라까지도 아니 마시고 담배를 입에 무는 순간 외로워지지 않는 것을 알면서도 나는 그것조차 아니 피운다. 이는 신생활운동을 위하여서가 아니요, 오직 잠을 위함이거니······.

학교가 늦었다고 일으키면 쓰러지고 또 쓰러지던 그런 잠을 다시 자볼 수는 없을까?

눈같이 포근하고 안개같이 아늑한 잠, 잠은 괴로운 인생에게 보내온 아름다운 선물이다. 죽음이 긴 잠이라면 그것은 영원한 축복일 것이다.

낙 서

 주제꼴이 초췌하여 가끔 푸대접을 받는 일이 있다. 호텔 문지기한테 모욕을 당한 일까지도 있다. 그러나 그것은 대수롭지 않은 일이다.

 나는 소학교 시절에 여름이면 파란 모시 두루마기를 입고 다녔다. 그런데 새로 빨아 다린 것을 입은 날이면 머리가 아파지는 것이었다. 그러다가 두루마기가 구겨지고 풀이 죽기 시작하면 나의 몸과 마음은 한결 가벼워졌다. 중학 시절에는 고쿠라 교복 한 벌, 그리고 여름 시모후리 한 벌을 가지고 2년 동안을 입었다. 겨울 교복 바지는 때에 절어서 윤이 나고, 호떡을 먹다 떨어뜨린 꿀이 무릎에 배어서 비 오시는 날이면 거기가 끈적끈적하였다. 저고리의 호크는 언제나 열려 있었다.

 교복을 사서 처음부터 채우지 않고 입던 터이라 목이 자란 뒤에는 선생님이 아무리 야단을 치셔도 잠글래야 잠글

수가 없었다. 나는 이런 교복을 입고 아무 데를 가도 몸과 마음이 편하였다. 내가 상해로 유학을 갈 때에도 이런 교복을 입고 갔었다. 돈이 있다고 해도 호텔에서 들이지 않았다. 나는 처음으로 사지 양복을 맞춰 입고 헌 교복은 알라뚱시(넝마장수)에게 동전 열두 닢을 받고 팔아버렸다. 그 사지 양복은 입은 지 몇 달 후에야 내 옷 같아져서 마음이 놓이게 되었다.

근년 미국 가는 길에 동경에 들러 한 친구를 만났더니, 그는 나를 보고 미국 가거든 옷 좀 낫게 입고 다니라고 간곡한 충고를 하였다. 그래 보스턴에 도착하자 나는 좋은 양복을 사 입어보려고 하였다. 그러나 여러 백화점을 돌아다녀보아도 좋은 감으로 만든 기성복으로는 내게 맞는 것이 하나도 없었다. 맞춰 입을까 했더니 공전이 놀랄 만큼 비쌌다. 그 후 와이셔츠 소매 기장을 줄이느라고 옷값 이상의 공전을 지불한 적이 있다. 나는 하는 수 없이 싸구려를 한 벌 사 입었다. 저고리 소매가 길어서 좀 거북하였다. 그러나 그것은 대수롭지 않은 일이었다.

또 내 옷을 바라다보는 사람은 아무도 없었다. 미국 여자들은 여자들끼리만 서로 옷을 바라다보는 모양이었다. 귀국한 지 삼 년, 공전값 싼 한국에서도 소매를 못 줄이고 그 양복을 그대로 입고 다닌다. 다행히 우리나라 여성도 내 옷을 보는 이는 하나도 없다.

가슴을 펴고 배를 내밀고 걸어보라고 일러주는 친구가 있다. 옷차림도 변변치 않은 데다가 작은 키를 구부리고 다니는 것이 보기에 딱한 모양이다. 그래 나는 어떤 교장 선생님 같이 작은 몸을 자빠질 듯이 뒤로 젖히고 팔을 저으며 걸어보았다. 그런데 이것은 결코 대수롭지 않은 일이 아니었다. 몹시 힘드는 일이었다. 잘난 것도 없는 나이니 그저 구부리고 다니는 것이 자연스러웠다.

　내가 말을 너무 많이 하고 빨리하여 위엄이 없다고 일러주는 친구가 있다. 그래 나는 명성이 높은 어떤 분이 회석에서 말은 한마디도 하지 않고 눈만 끔벅끔벅 하던 것을 기억하고 그 흉내를 내보려 하였다. 그랬더니 이것은 더 큰 고통이었다. 가슴이 터질 것같이 답답하여 나는 그 노릇은 다시 안 하기로 하였다.

　어린 아이같이 웃기를 잘하여 점잖지 않다는 것은 또 한 친구의 말이었다. 그래 나는 어느 일요일 아침, 성난 얼굴을 하여 보았다. 그랬더니 서영이가 슬픈 표정으로 내 얼굴을 쳐다보더니 문 밖으로 나가버리는 것이었다. 내게 있어서 이보다 더 큰 일은 없다. 나는 얼른 거울을 들여다보았다. 잘 생기지도 못한 얼굴이 사나워 보인다. 나는 씽긋 웃어보았다. 그리고 내가 정신의 이상이 없다는 것을 알리기 위해 그날 하루 종일 서영이하고 구슬치기를 하였다.

　요즘 나는 점잖을 빼는 학계 '권위'나 사회적 '거물'을 보면 그를 불쌍히 여겨, 그의 어렸을 적 모습을 상상하여 보는 버릇이 생겼다. 그러면 그의 허위의 탈은 눈같이 스러지고 생글생글 웃는 장난꾸러기로 다시 환원하는 것이다.

술

"술도 못 먹으면서 무슨 재미로 사시오?" 하는 말을 가끔 듣는다. 그렇기도 하다.

> 술은 입으로 오고
> 사랑은 눈으로 오나니
> 그것이 우리가 늙어 죽기 전에
> 진리로 알 전부이다.
> 나는 입에다 잔을 들고
> 그대 바라보고 한숨 짓노라.

예이츠는 이런 노래를 불렀고, 바이런은 인생의 으뜸가는 것은 만취滿醉라고 하였다. 예로부터 지금까지 이백李白을 위시하여 술을 사랑하고 예찬하지 않은 영웅 호걸, 시인, 묵객이 어디 있으리요. 나는 술을 먹지 못하나 술을 좋아하지 않는 것은 아니다. 여름날 철철 넘는 맥주잔을 바라다보면 한 숨에 들이마시고 싶은 유혹을 느낀다. 차라리 종교적 절제라면 나는 그 죄를 쉽사리 범하였을 것이요, 한때 미국에 있던 거와 같은 금주법(禁酒法)이 있다 하더라도 나는 벌금을 각오하고 사랑하는 술을 마셨을 것이다. 그러나 술을 못 먹는 것은 나의 체질 때문이다.

나는 학생 시절에 어떤 카페에서 포도주를 사본 일이 있다. 주문을 해놓고는 마실 용기가 나지 않아서 들여다보고만 있었다. 술값을 치르고 나오려니까 여급이 쫓아나오면서 왜 술을 안 마시고 그냥 가느냐고 물었다. 나는 할 말이 없어서 그 술빛을 보느라고 샀던 거라고 하였다. 이 여급은 아연한 듯이 나를 쳐다만 보았다. 그 후 그가 어떤 나의 친구에게 이상한 사람이었다고 내 이야기를 하더라는 말을 들었다.

술을 못 먹는 것은 참으로 안타까운 일이다. 우울할 때 슬픔을 남들과 같이 술잔에 잠겨 마시지도 못하고 친한 친구를 타향에서 만나도 술 한잔 나누지 못하고 헤어지게 된다.

"피 선생이 한 잔 할 줄 알면 얼마나 좋을까?"

이런 소리를 들을 때면 안타깝기 한이 없다.

내가 술 먹을 줄 안다면 더 많은 친구를 사귈 수 있있을 것이요, 탁 터놓고 네냐 내냐 할 친구도 있을 것이다. 집에서도 내가 늘 맑은 정신을 갖고 있으므로 집사람은 늘 긴장

해서 힘이 든다고 한다. 술 먹는 사람 같으면 술김에 아내의 말을 듣기도 하지만 나에게 무엇을 사 달래서 안 된다면 그뿐이다. 아내는 자기 딸은, 술 못 먹는 사람에게는 절대로 시집보내지 않겠다고 한다. 아이들도 내가 다른 아버지들같이 술에 취해서 집에 돌아오기를 바란다. 술에 취해서 돌아오면 무엇을 사다주기도 하고 돈도 마구 주고 어리광도 받아준다는 것을 알기 때문이다.

본래 소극적인 성질이라도 술에 취하면 평시에 품었던 잠재의식을 발산시키고, 아니 취했더라도 술잔 들면 취한 체하고 화풀이라도 할 텐데, 그리고 술기운을 빌려 그때마다 내가 잘났다고 생각하며 호탕하게 떠들어볼 텐데, "문 열어라" 하고 내 집 대문을 박차보지도 못한다. 가끔 주정 한바탕 하고 나면 주말여행 한 것같이 기분이 전환될 텐데 딱한 일이다.

술 못 먹는 탓으로 똑똑한 내가 사람 대접 못 받는 때가 있다. 술좌석에서 맨 먼저 한두 번 나에게 술을 권하다가는 좌중에 취기가 돌면 나의 존재를 무시해버리고 저희들끼리만 주거니받거니 떠들어댄다. 요행 인정 있는 사람이나 끼여 있다면 나에게 사이다나 코카콜라를 한 병 갖다주라고 한다. 시외 같은 데 단체로 갈 때 준비하는 사람들은 술은 으레 많이 사도 다른 음료수는 전혀 준비하지 않는 수가 많다. 간 곳이 물이 없는 곳이면 목메는 것을 참고 밥을 자꾸

씹을 수밖에 없다.

술을 못 먹기 때문에 경제적으로도 큰 손해다. 회비제로 하는 연회라면 그 많은 술에 대하여 억울한 부담을 하게 된다. 공술이면 못 먹고 신세만 진다. 칵테일 파티에는 색색의 양주 이외의 주스가 있어 좋다.

남이 권하는 술을 한사코 거절하며 술잔이 내게 돌아올까 봐 권하지도 않으므로 교제도 할 수 없고 아첨도 할 수 없다. 내가 술을 먹을 줄 안다면 무슨 사업을 해서 큰 돈을 잡았을지도 모른다.

술 때문에 천대를 받는 내가 융숭한 환영을 받는 때가 있다. 그것은 먹을 술이 적거나 한 사람에 한 병씩 배급이 돌아갈 때다. 일정 말엽에 더욱 그러하였다. 우리 집 아이들도 내가 술 못 먹는 덕을 볼 때가 있다. 내가 술 못 먹는 줄 아는 제자들이 술 대신 과일이나 과자를 사다주기 때문이다. 또 내가 술을 못 먹는 줄을 모르고 술을 사오는 손님이 있으면, 그 술을 이웃 가게에 갖다주고 초콜릿과 바꾸어 먹는 법이 있기 때문이다.

독신으로 지내는 내 친구 하나가 여성들에게 남달리 흥미를 많이 갖는 거와 같이 나는 술에 대하여 유달리 호기심을 가지고 있다. 찹쌀 막걸리는 물론 거품을 풍기는 맥주, 빨간 포도주, 환희歡喜 소리를 내며 터지는 샴페인, 정식만찬正式晚餐 때 식사 전에 마시는 술, 이런 술들의 종류와 감정법鑑定法

을 모조리 알고 있다. 술에 관한 책을 사서 공부를 하기 때문이다. 나는 술 자체뿐이 아니라 술 먹는 분위기를 즐긴다. 비 오는 저녁때의 선술집, '삼양三羊'이나 '대하大河' 같은 고급 요리집, 눈 오는 밤 뒷골목 오뎅집, 젊은 학생들이 정치·철학·예술·인생, 이런 것들에 대하여 만장의 기염을 토하는 카페, 이런 곳들을 좋아한다. 늙은이들이 새벽에 찾아가는 해장국집도 좋아한다.

지금 생각해도 아까운 것은 이십여 년 전 명월관에서 한때 제일 유명하던 기생이 따라주던 술을 졸렬하게 안 먹은 것이요, 한번 어떤 미국 친구가 자기 서재 장 안에 비장하여 두었던 술병을 꺼내어 권하는 것을 못 받아 먹은 일이다.

내가 이 세상에서 지금까지 먹을 수 있는 술을 안 먹은 것, 앞으로 먹을 수 있는 것을 못 먹고 떠나는 그 분량은 참으로 막대한 것일 것이다. 이 많은 술을 나 대신 다른 사람이 먹는 것인지 또는 그만큼 생산을 아니 하게 되어 국가경제에 큰 도움이 되는지 궁금할 때가 있다.

솔직히 고백하면, 나는 술에 대하여 완전한 동정童貞은 아니다. 내가 젊었을 때 어떤 여자가 나를 껴안고 내 입을 강제로 벌려 술을 퍼부은 일이 있다. 그 결과 내 가슴에 불이 나서 의사의 왕진을 청하여 오게끔 되었다. 내가 술에 대하여 이야기를 쓰려면 주호酒濠 수주樹州의 《명정사십년酩酊四十年》보다 더 길게 쓸 수도 있지만, 뉴먼 승정僧正이 그의 《신사

론紳士論》에 말씀하시기를, 신사는 자기 자신에 대하여 너무 많이 이야기하지 않는 법이라고 하셨기 때문에 더 안 쓰기로 한다. 나는 술과 인생을 한껏 마셔보지도 못하고 그 빛이나 바라다보고 기껏 남이 취한 것을 구경하면서 살아왔다. 나는 여자를 호사 한 번 시켜보지 못하였다. 길 가는 여자의 황홀한 화장과 찬란한 옷을 구경할 뿐이다. 애써 벌어서 잠시나마 나의 눈을 즐겁게 해주는 그들의 남자들에게 감사한다. 나는 밤새껏 춤도 못 추어보았다. 연애에 취해보지도 못하고 사십여 년을 기다리기만 하였다. 그리고 남의 이야기를 써놓은 책들을 읽느라고 나의 일생의 대부분을 허비하였다. 남이 써놓은 책을 남에게 해석하는 것이 나의 직업이다. 남의 셋방살이를 하면서 고대광실을 소개하는 복덕방 영감 모양으로 스물다섯에 죽은 키츠의 《엔디미온》 이야기를 하며, 그 키츠의 죽음을 조상하는 셸리의 〈아도니스〉 같은 시를 강의하며 술을 못 마시고 산다.

보스턴 심포니

 재즈라도 들으려고 AFKN에다 다이얼을 돌렸다. 시월 어떤 토요일 한 시경이었다. 뜻밖에도 그때 심포니 홀로부터 보스턴 심포니 75주년 기념 연주 중계방송을 한다고 한다. 나의 마음은 약간 설레었다.

 1954년 가을부터 그 이듬해 봄까지에 걸친 연구 시즌에 나는 금요일마다 보스턴 심포니를 들으러 갔었다.

 삼층 꼭대기 특별석에서 듣는 육십 센트짜리 입장권을 사느라고 장시간을 기다렸다. 그런데 이때마다 만나게 되는 하버드 대학 현대시 세미나에 나오는 여자가 있었다. 그는 교실에서 가끔 날카로운 비평을 발표하였다. 크고 맑은 눈, 끝이 약간 들린 듯한 엷은 입술, 굽이치는 갈색 머리, 그의 용모는 아름다웠다. 오케스트라가 음정을 고르고 샹들리에 불들이 흐려진다.

 갑자기 고요해진다. 머리 하얀 콘덕터 찰스 먼치가 소낙

비 같은 박수 소리를 맞으며 나온다. 배턴이 들리자 하이든 심포니 B플랫 메이저는 미국 동부지방 불야성不夜城들을 지나 별 많은 프레리를 지나 해 지는 태평양을 건너 지금 내 방 라디오로부터 흘러 나오고 있다.

  그는 이 가을도 와이드너 연구실에서 책을 읽고 벌써 단풍이 들었을 야드에서 다람쥐와 장난을 하고, 이 순간은 심포니 홀 삼층 갤러리에 앉아 음악을 듣고 있을 것이다. 꿈같은 이태 전 어느 날 밤 도서관 층계에서 그와 내가 마주쳤다. 그는 나를 보고 웃었다. 그 미소는 나의 마음 고요한 호수에 작은 파문을 일으키고 음향과 같이 사라졌다. 중계방송이 끊어졌다. 칠천 마일 거리가 우리를 다시 딴 세상 사람으로 만들었다. 하이든 심포니 제1악장은 무지개와도 같다.

장난감

내 책상 속에는 십여 년 전 텐센트 스토어에서 사 온 구슬치기 하는 마블 몇 개가 있다.

라일락,
너는 느릅나무 그늘지는 거리에도 피어 있다.
연과 마블을 파는 작은 가게가 있는.

나는 어려서 장난감 가게 주인을 부러워하였다. 지금도 막상 장사를 시작한다면 장난감 가게밖에 할 게 없는 것 같다. 물론 그 가게에서는 아이들에게 화상을 입게 하는 딱총은 아니 팔 것이다. 장난감 가게는 우선 그 상품이 재미있다.

손님이 아니 오더라도 나 혼자 그것들을 가지고 놀 수 있다. 그리고 장난감 가게에 오는 손님들의 얼굴에는 언제나 웃음이 있다. 약방과는 다르다. 이쁜 아기, 이쁜 엄마, 좋은 아빠, 좋은 할아버지 그리고 크리스마스가 오면 금방 부자가 될 것이다.

장난감 가게를 하게 되면 부대사업으로 옆에다 장난감 서비스센터를 내겠다. 바퀴 빠진 자동차도 고쳐주고, 다리 부러진 인형도 고쳐주고. 그러나 나의 어린 시절의 장난감들을 생각하면 수선료를 많이 받을 수 없다. 나는 어려서 무서움을 잘 탔다. 그래서 늘 머리맡에다 안데르센의 동화에 나오는 주석으로 만든 용감한 병정들을 늘어놓고야 잠이 들었다. 아침에 눈을 떠보면 나의 근위병들은 다 제자리에서 꼼짝도 아니하고 서 있는 것이다.

나는 미국의 한 은퇴한 철도회사 사장이 자기 집 마당에다 기관차, 그리고 철교, 터널까지 갖춘 장치를 차려놓고 이웃 아이들을 데려다가 기차놀이를 하는 것을 보았다. 현대 문명이 자랑하는 디젤 기관차도, 제트기도, 우주선도, 생각하면 다 장난감에 지나지 않는다. 언젠가 내가 묻힐 때가 오면 내 책상 서랍 속에 있는 마블을 넣어주었으면 한다. 골동품 수집가는 청자 찻잔 하나 가지고 가지 못할 것이요, 부잣집 부인이라도 진주 반지 하나 끼고 가지 못하지마는, 아무리 탐욕스런 세상이라 하여도 나의 구슬은 그대로 남아 있을 것이다.

눈 물

스탠더드 석유회사 런던 지점에 다니던 시인 월터 델라메어를 생각하면서 내가 텍사스 석유회사 서울 지점에 석 달 동안이나 취직을 하고 있을 때였다. 어느 날 오후, 그레이스라는 타이피스트가 중요한 서류에 '미스'투성이를 해놓았다. 애인을 떠나보내고 눈에 눈물이 어려서 그랬다는 것이다.

   간다간다 하기에 가라 하고는
   가나 아니 가나 문틈으로 내다보니
   눈물이 앞을 가려 보이지 않아라

이별의 눈물은 예나 지금이나 다름이 없다.
나는 어려서 울기를 잘하였다. 눈에서 눈물이 기다리고 있듯이 울었다. 《사랑의 학교》라는 책 속에 있는 난파선 이야기 위에는 나의 눈물 자국이 있었다. 채플린이 데리고 다니던 재키 쿠간이라는 어린 배우는 나를 많이 울렸다. 순이가 나하고 아니 논다고 오래오래 울기도 하였다. 입이 찝찔해지는 것을 느끼면서.

찝찔한 눈물, H_2O보다는 약간 복잡하더라도 눈물의 분자식은 다 같을 것이다. 그러나 그 눈물의 다양함이여! 이별의 눈물, 회상의 눈물, 체념의 눈물, 아름다운 것을 바라다볼 때의 눈물, 결혼식장에서 딸을 인계하고 나오는 아빠의 눈물, 그 정한情恨이 무엇이든 간에 비 맞은 나무가 청신하게 되듯이 눈물은 마음을 씻어준다.

눈물은 인정의 발로이며 인간미의 상징이다. 성스러운 물방울이다. 성경에서 아름다운 데를 묻는다면, 하나는 이역異域 옥수수밭에서 향수의 눈물을 흘리는 루스의 이야기요, 또 하나는 〈누가복음〉 7장, 한 탕녀가 예수의 발 위에 흘린 눈물을 자기의 머리카락으로 씻고, 거기에 향유를 바르는 장면이다. 미술품으로 내가 가장 아름답게 여기는 것은 미켈란젤로의 피에타이다. 거기에는 마리아의 보이지 않는 눈물이 있다. 저 많은 아름다운 노래들은 또한 눈물을 머금고 있지 아니한가.

도시에 비 내리듯
내 마음에 비가 내린다.

이 '비 내리는 마음'이 독재자들에게 있었더라면, 수억의 비극은 일어나지 않았을 것이다. 2차대전 때 일본에는 "가솔린 한 방울 피 한 방울"이라는 기막힌 표어가 있었다. 석유회사 타이피스트, 그레이스의 그 눈물에는 천만 드럼의 정유精油보다 소중한 데가 있다.

호이트 콜렉션

"찰스 먼치가 지휘하는 보스턴 심포니 오케스트라의 연주로 들으시겠습니다" 하는 아나운서의 말을 들을 때면 심포니 홀을 생각하고, 연달아 보스턴 박물관을 연상한다.

근 일 년 동안 주말이면 나는 이 두 곳에 갔었다. 먼저 가는 곳은 박물관이었다. 유럽에서 사들인 그 수많은 명화名畵들, 조각들, 루이 십육세가 쓰던 가구들, 그러나 내가 먼저 가는 쪽은 그 반대편에 있는 작은 방이었다. 거기에는 그것들이 고요히 앉아서 나를 기다리고 있었다. 정말 처음 그것들을 만났을 때, 나는 놀랐다. 수십 년 전 내가 상해上海에 도착하던 날, 청초하게 한복을 입은 젊은 여인이 걸어가는 것을 보았을 때 느낀 그 감격이었다.

삼백 년, 오백 년, 칠백 년 전의 우리나라 흙으로 우리 선조가 만들어놓은 비취색, 짙은 옥색, 백색의 그릇들, 일품逸品인 상감포도당초문 표형주전자象嵌葡萄唐草文瓢形酒煎子를 위시하여 장방형에 네 발이 달린 연지수금향로蓮池水禽香爐, 화문매병花文梅甁, 윤화탁輪花托 등 수십 점이 한 방에 진열되어 있었다. 이 자기들은 고故 호이트 씨가 수집한 것들로, 하버드 대학 포그 박물관에 보관되어 있었던 것을 그의 유언에 따라 보스턴 박물관에 기증되었다 한다.

이것들 중에도 단아端雅한 순청純靑 주전자 하나는 시녀들 속에 있는 공주와도 같았다. 맑고 찬 빛, 자혜로운 선, 그 난초같이 휘다가 사뿐 머문 입매! 나는 만져보고 싶었다. 그러나 그것은 될 수 없는 일이었다.

주말이 아니라도 불현듯 지하철을 타고 그것들을 보러 가는 때가 있었다. 내가 그곳을 떠나기 전날, 박물관 그 방을 찾아갔었다. 소환되지 않는 이 문화사절들은 얼마나 나를 따라 고국에 오고 싶었을까? 미국도 동북방 칠천 마일 이국에 그것들을 두고 온 지 십 년, 그것들이 지금도 가끔 생각난다. 순결·고아高雅·정적靜寂·유원悠遠이 깃들여 있는 그 방 바로 옆방은 일본실이었다. 거기에는 '사무라이' 칼들이 수십 자루나 진열되어 있었다.

무서운 동화를 읽은 어린아이같이 나는 자다 깨어 불안을 느낄 때가 있다.

기행 소품

1

어떤 학료學寮의 '론(lawn)'

승원같이 고요한 옥스퍼드 대학 한 칼리지[學寮]의 중정中庭에 론이 깔려 있었다. 이 론은 이 칼리지 지도교사만이 밟을 수 있는 특권을 가지고 있다. 아무도 없는 뜰이었다. 카펫보다 산뜻한 잔디 위를 밟아보고 싶은 충동을 느꼈다. 나는 어렸을 때 덕수궁 중화전中和殿 아래 좌우에 나란히 서 있는 품석品石 중 정일품 옆에 서 본 일이 있다. 그러나 이제 학자의 특권을 범하는 것은 죄스러운 것 같아 론을 바라다만 보았다. 수도승같이 칼리지 담 안에서 살며 임금에게도 대출을 허가하지 않는 책들을 향유하며 천하의 영재들을 가르치며 그 론을 밟을 수 있는 혜택을 나는 부러워하였다. 론은 자유와 한가의 상징이다.

지도학생 이외에는 아무에게도 마음을 쓰지 않아도 되는, 자유와 독서 이외에는 아무 일에도 쫓기지 않는 한가를 의미한다.

까만 가운에 빨간 카네이션을 달고 하얀 얼굴에 눈이 빛나는 대학생이 지나간다. 그날이 시험일이므로 용기를 북돋기 위하여 빨간 카네이션을 단 것이다.

잔디 없는 교정에서 나는 '베이리얼' 칼리지의 '론'을 생각한다.

2

아름다운 여인상女人像

안기려는 포즈의 여인상女人像, 조각가는 자기의 작품을 포옹하고 있다.

그리스의 이야기를 소재로 한 프랑스 화가의 이 그림에는 〈피그말리온과 그의 조각상〉이라는 제목이 붙어 있었다.

피그말리온의 여인상은 처음부터 포옹의 자세로 제작한 것은 아니었으리라. 긴 세월을 두고 수시로 오래오래 안겨왔기에 자연히 여인의 두 팔은 눈에 띄지 않게 조금씩 조금씩 들리고, 그러다가 어느 순간 갑자기 안으로 휘어 포옹의 포즈를 하게 되지 않았나 한다.

아마 화가 제옴도 나 같은 상상을 하면서 그 그림을 그렸을 거다. 차디찬 대리석, 그러나 배반하지 않는 여인.

   나는 메트로폴리탄 미술관에서 이 그림의 프린트 한 장을 사려고 하였다. 내 방 위에 붙여놓고 가끔 바라다보려는 생각이었나 보다. 그런데 그 그림의 프린트는 없었다.

플루트 연주자

배턴을 든 오케스트라의 지휘자는 찬란한 존재다. 그러나 토스카니니 같은 지휘자 밑에서 플루트를 분다는 것은 또 얼마나 영광스러운 일인가. 다 지휘자가 될 수는 없는 것이다. 다 콘서트 마스터가 될 수도 없는 것이다. 오케스트라와 같이 하모니를 목적으로 하는 조직체에 있어서는 멤버가 된다는 것만도 참으로 행복된 일이다. 그리고 각자의 맡은 바 기능이 전체 효과에 종합적으로 기여된다는 것은 의의 깊은 일이다. 서로 없어서는 안 된다는 신뢰감이 거기에 있고, 칭찬이거나 혹평이거나 '내'가 아니요 '우리'가 받는다는 것은 마음 든든한 일이다.

자기의 악기가 연주하는 부분이 얼마 아니 된다 하더라도, 그리고 독주하는 부분이 없다 하더라도 그리 서운할 것은 없다. 남의 파트가 연주되는 동안 기다리고 있는 것도 무음無音의 연주를 하고 있는 것이다.

베이스볼 팀의 외야수外野手와 같이 무대 뒤에 서 있는 콘트라베이스를 나는 좋아한다. 베토벤 교향곡 제5번 〈스케르초(Scherzo)〉의 악장 속에 있는 트리오 섹션에는 둔한 콘트라베이스를 쩔쩔매게 하는 빠른 대목이 있다. 나는 이런 유머를 즐길 수 있는 베이스 연주자를 부러워한다.

〈전원교향악〉 제3악장에는 농부의 춤과 아마추어 오케스트라가 나오는 장면이 묘사되어 있다. 서투른 바순이 제때 나오지를 못하고 뒤늦게야 따라나오는 대목이 몇 번 있다. 이 우스운 음절을 연주할 때의 바순 연주자의 기쁨을 나는 안다. 팀파니스트가 되는 것도 좋다. 하이든 교향곡 94번의 서두가 연주되는 동안은 카운터 뒤에 있는 약방 주인같이 서 있다가, 청중이 경악驚愕하도록 갑자기 북을 두들기는 순간이 오면 그 얼마나 신이 나겠는가?

자기를 향하여 힘차게 손을 흔드는 지휘자를 쳐다볼 때, 그는 자못 무상의 환희를 느낄 것이다. 어렸을 때 나는 공책에 줄치는 작은 자로 교향악단을 지휘한 일이 있었다. 그러나 그 후 지휘자가 되겠다는 생각을 해본 적은 없다. 토스카니니가 아니라도 어떤 존경받는 지휘자 밑에 무명無名의 플루트 연주자가 되고 싶은 때는 가끔 있었다.

시집가는 친구의 딸에게

 너의 결혼을 축하한다. 아름다운 사랑에서 시작된 결혼이기에 더욱 축하한다. 중매결혼을 아니 시키고 찬란한 기적이 나타날 때를 기다려온 너의 아버지에게 경의를 표한다.
 예식장에 너를 데리고 들어가는 너의 아버지는 기쁘면서도 한편 가슴이 빈 것 같으시리라. 눈에는 눈물이 어리고 다리가 휘청거리시리라. 시집 보내는 것을 딸을 여읜다고도 한다. 왜 여읜다고 하는지 너의 아빠는 체험으로 알게 되시리라.
 네가 살던 집은 예전같지 않고 너와 함께 모든 젊음이 거기에서 사라지리라.
 너의 아버지는 네 방에 들어가 너의 책, 너의 그림들, 너의 인형을 물끄러미 바라다보시리라. 네가 쓰던 책상을 가만히 만져보시리라. 네 화병의 꽃물을 갈아주시려고 파란 화병을 들고 나오시리라.

사돈집은 멀수록 좋다는 말이 있다. 친정집은 국그릇의 국이 식지 않은 거리에 있어야 좋다고도 한다.

너는 시집살이 잠깐 하다 따로 나와 네 살림을 하게 된다니 너의 아버지 집 가까운 데서 살도록 하여라.

얼마 전에 나는 무심코 말 실수를 한 일이 있다. 첫 나들이 나온 예전 제자가 시부모가 아니 계시다기에 "거 참 좋겠다"고 하였다. 그 옆에는 그의 남편이 있었다. 다행히 웃고 있었다.

시부모님을 너무 어렵게 생각하지 마라. 너의 남편의 부모니 정성껏 받들면 된다. 며느리는 아들의 배필이요 장래 태어날 손주들의 엄마가 될 사람이니 시부모께서는 너를 아끼고 소중히 여기실 거다. 네가 잘하면 대견히 여기시고 끔찍이 사랑하여주실 것이다. 너 하기에 달렸다.

결혼 후 남편이 친구들과 멀어지는 때가 있다고 한다. 너 같은 아내는 남편과 친구들 사이를 더 가깝게 만들 줄 믿는다. 옛날 가난한 선비집에 친구가 찾아오면 착한 아내는 말없이 나가 외상으로라도 술을 받아왔다고 한다.

너희는 친구 대접할 여유는 있으니 네가 주부 노릇만 잘하면 되겠다. 주말이면 너희 집에는 친구들이 모여 차를 마시며 밤늦도록 이야기를 나눌 것이다. 남편의 친구가 너의 친구도 되고, 너의 친구가 그의 남편과 같이 오기도 하고……

부부는 일신이라지만 두 사람은 아무래도 상대적이다. 아버지와 달라 무조건 사랑을 기대할 수는 없다. 그리고 아무리 사랑하는 사이라도 언제나 마음을 같이할 수는 없다. 제 마음도 제가 어찌할 수 없을 때가 있는데 개성이 다른 두 사람이 한결같을 수야 있겠니? 의견이 다를 수도 있고 기분이 맞지 않을 수도, 적은 비밀이 있을 수도 있다.

자존심 강한 너는 남편의 편지를 엿보지는 않을 것이다. 석연치 않은 일이 있으면 오해가 커지기 전에 털어놓는 것이 좋다.

집에 들어온 남편의 안색이 좋지 않거든 따뜻하게 대하여라. 남편은 아내의 말 한마디에 굳어지기도 하고 풀어지기도 하는 법이다.

같이 살아가노라면 싸우게도 된다. 언젠가 나 아는 분이 어떤 여인 보고 "그렇게 싸울 바에야 무엇하러 같이 살아, 헤어지지" 그랬더니 대답이 "살려니까 싸우지요 헤어지려면 왜 싸워요" 하더란다.

그러나 아무리 사랑싸움이라도 잦아서는 나쁘다. 그저 참는 게 좋다.

아내, 이 세상에 아내라는 말같이 정답고 마음이 놓이고 아늑하고 평화로운 이름이 또 있겠는가. 천년 전 영국에서는 아내를 '피스 위버(Peace-weaver)'라고 불렀다. 평화를 짜 나가는 사람이란 말이다.

행복한 가정은 노력으로 이루어진다. 결혼 행로에 파란 신호등만이 나올 것을 기대할 수는 없다. 어려움이 있으면 참고 견디어야 하고, 같이 견디기에 서로 애처롭게 여기게 되고 더 미더워지기도 한다. 역경에 있을 때 남편에게는 아내가 아내에게는 남편이 더 소중하게 느껴진다. 같이 극복해 온 과거, 옛이야기 하며 잘 산다는 말이 있지.

결혼생활은 작은 이야기들이 계속되는 긴긴 대화다. 고답高踏할 것도 없고 심오할 것도 없는 그런 이야기들…….

부부는 서로 매력을 잃어서는 아니된다. 지성인이 매력을 유지하는 길은 정서를 퇴색시키지 않고 늘 새로운 지식을 탐구하며 인격의 도야를 늦추지 않은 데 있다고 생각한다.

세월은 충실히 살아온 사람에게 보람을 갖다주는 데 그리 인색치 않다.

너희 집에서는 여섯 살난 영이가 《백설공주》 이야기를 읽고 있을 것이다. 할아버지는, "고거, 에미 어려서와 꼭 같구나" 그러시리라.

황포탄의 추석

 월병月餠과 노주老酒, 호금胡琴을 배에 싣고 황포강黃浦江 달놀이를 떠난 그룹도 있고, 파크 호텔이나 일품향一品香에서 중추절仲秋節 파티를 연 학생들도 있었다. 도무장跳舞場으로 몰려간 패도 있었다. 텅 빈 식당에서 저녁을 먹고 방에 돌아와 책을 읽으려 하였으나, 마음이 가라앉지 않았다. 어디를 가겠다는 계획도 없이 버스를 탄 것은 밤 아홉 시가 지나서였다. 가든 브리지 앞에서 내려서는 영화 구경이라도 갈까 하다가 황포탄 공원으로 발을 옮겼다.

 빈 벤치가 별로 없었으나 공원은 고요하였다. 명절이라서 그런지 중국 사람들은 눈에 뜨이지 않았다. 이 밤뿐 아니라 이 공원에 많이 오는 사람들은 유태인, 백계白系 러시아 사람, 서반아 사람, 인도인들이다. 실직자, 망명객 같은 대개가 불우한 사람들이다. 갑갑한 정자간亭子間에서 나온 사람들이다.

누런 황포강 물도 달빛을 받아 서울 한강 같다. 선창船窓마다 찬란하게 불을 켜고 입항하는 화륜선火輪船들이 있다. 문명을 싣고 오는 귀한 사절과도 같다. '브라스 밴드'를 연주하며 출항하는 호화선도 있다. 저 배가 고국에서 오는 배가 아닌가. 저 배는 그리로 가는 배가 아닌가 하는 사람도 있을 것이다. 같은 달을 쳐다보면서 그들은 바이칼 호반으로, 갠지스 강변으로, 마드리드 거리로 제각기 흩어져서 기억을 밟고 있을지도 모른다. 친구와 작별하던 가을 짙은 카페, 달밤을 달리던 마차, 목숨을 걸고 몰래 넘던 국경, 그리고 나 같은 사람이 또 하나 있었다면 영창에 비친 소나무 그림자를 회상하였을 것이다. 과거는 언제나 행복이요, 고향은 어디나 낙원이다. 해관海關 시계가 자정을 알려도 벤치에서 일어나려는 사람은 없었다.

유순이

 말이 채 끝나기도 전에 전화는 끊겼다. 암만 되불러도 나오지를 않으니 전선줄이 끊어졌나 보다. 나는 어두운 강가로 나왔다. 멀리서 대포 소리가 들려온다. 이따금 기관총의 이를 가는 소리도 들린다. 갑북閘北 쪽을 바라다보니 화산이 터지는 남양의 하늘보다도 더 붉다. 그리고 쉴 새 없이 번개 같은 불이 퍼졌다 스러진다.

 캠퍼스를 돌아다니다가 마음을 진정시키려고 방으로 들어갔다. 겨울방학이므로 학생들은 다 집에 돌아가고, 나하고 남양에서 온 사람 몇만이 기숙사에 남아 있었다. 이불을 쓰고 드러누웠다. 여전히 대포 소리, 폭탄 떨어지는 소리가 들려온다. 여러 번 몸을 뒤채도 잠은 들어지지 않았다. 아까 전화로 들은 그의 음성이 나를 괴롭게 하기 시작했다. 그가 지금 총에 맞아서 쓰러지는 것 같기도 하고 불붙는 병원에서 어쩔 줄 몰라 애통하는 양이 눈앞에 보이는 듯하였다.

나는 서가회(徐家匯)라는 곳에 있는 요양원에 입원을 하였었다. 그리 심한 병은 아니었으나 기숙사에는 간호해줄 사람이 없어서 입원을 하였던 것이다.

요양원이 있는 곳은 한적한 시외였다. 주위에는 과수원들이 있었고, 멀리 성당이 보였다.

병실이 많지 않은 아담한 이 요양원은 병원이라기보다는 별장이나 작은 호텔 같았다. 아침에 눈을 뜨면 흑단(黑檀) 화장대 거울에 정원의 고목들이 비치는 것이었다. 간호부들의 아침 찬미 소리가 들리지 않았던들 얼마나 고적하였었을까.

내가 입원한 그 이튿날 아침 작은 노크 소리와 함께 깨끗하게 생긴 간호부가 들어왔다. "안녕히 주무셨어요?" 하고 그는 한국말로 인사를 한다. 그때의 나의 놀람과 기쁨은 지금 뭐라 형용할 수가 없다. 그때 그가 가지고 들어온 오렌지 주스와 삼각형으로 자른 엷은 토스트를 맛있게 먹은 것이 가끔 생각난다. 마말레이드도 맛이 있었다. 나는 그 후 어느 레스토랑에서도 그런 오렌지 주스와 토스트를 먹어본 일이 없다.

그는 틈만 있으면 내 방을 찾아왔다. 황해도 자기 고향 이야기도 하고 선물로 받았다는 예쁜 성경도 빌려주었다. 자기는 〈누가복음〉을 좋아한다고 하였다. 타고르의 《기탄잘리》를 나에게 읽어준 때도 있었다.

밖을 내다보니 동이 터갔다. 교문을 나서니 찬바람이 뺨을 엔다. 시외요 때가 새벽이므로 한적도 하겠지마는, 길에 공장 가는 노동자 하나 보이지 아니한다. 싸움을 중지하였는지 대포 소리도 아니 들리고 사면이 모두 고요하였다. 나의 마음도 〈서부전선 이상없다〉를 연상할 만치 고요하다. 별안간 어디서인지 프로펠러 소리가 요란히 들린다. 쳐다보니 비행기들이 열을 지어서 갑북 방면을 향하고 날아간다. 용기를 내느라고 두 주먹을 쥐고 걸음을 재쳤다. 양수포 발전소楊樹浦發電所 앞에 오니 그제야 사람들이 보인다. 걸레 같은 보따리 진 사람, 누더기 같은 이불 멘 사람, 한 아이는 앞세우고 한 아이는 안고 또 한 아이는 끌고 가는 여인——피난민들이다. 그때 본 산 아이의 둔한 눈들이, 여인네의 해쓱한 눈들이 지금도 내 눈앞에 어른거린다. 길에는 차차로 사람들이 많아졌다. 사람이 황포강 물결같이 흐른다. 푸른 옷 입은 사람들의 푸른 물결! 나는 그들 속에 섞여서 가는 동안에 공포를 느끼기 시작하였다. 만약 불행히 그 중에서 한 사람이라도 나를 잘못 일본 사람으로 본다면 나는 그 자리에서 맞아 죽을 것이다. 이런 생각을 하고 나도 모르게 몸서리쳤다.

아무거라도 얼른 잡아타려고 하였으나 전차도 버스도 불통이었다. 가든 브리지에 다다르니 다릿목에 철망으로 만든 방색防塞이 두 겹으로 막혀 있고, 그 뒤에는 흙을 담은 전대를 쌓아놓았다. 그리고 공공 조계公共租界 미국 군인들이 총창銃槍을 낀 총대를 겨누고 있다. 기관총도 갖다놓았다. 나는 어떻든 북사천로로 갈 작정이므로 빠둔조를 건너지 않고 사천로교四川路橋로 갔다. 그 다리에도 역시 견고한 방색을 시설하여 놓았다. 북사천로를 내려다보니 그곳이야말로 수라장이다. 가는 사람은 한 사람도 없고 몰려오는 사람들로만 가득 찬 그 길을 내려다보며 나는 한참이나 우두커니 섰었다. 밀물같이 밀려오는 그 군중과 정면충돌을 하면서 목적지까지 갈 수는 도저히 없을 것 같았다. 다시 마음을 단단히 하고 걷기 시작하였다. 벌써 숨이 막힐 지경이요 정신이 아뜩아뜩하여진다. 빼—ㅇ 소리가 났다. 발을 주춤하니 바로 내 앞으로 오는 노동자 하나가 비명을 지르며 엎어진다. 이어서 총소리가 났다. 나는 얼떨결에 사람들의 줄기를 옆으로 뚫고 가로 터진 샛길로 빠져 나왔다. 지금 와서 생각해보면, 그때 어느 상점 속에 숨어 있던 편의대 하나가 나를 일본인으로 보고 쏜 것이 빗나가서 그 노동자를 죽였는지도 모른다. 골목으로 뛰어들어온 나는 뒤도 아니 돌아보고 달아났다. 육중한 바퀴 소리가 들려온다. 사람들의 눈은 모두 그리로 쏠렸다. 탱크 두 대가 시멘트 바닥 위로 굴러왔다. 갑북 전선으로 가는 것이다.

"비행기다!" 사람들은 일제히 담모퉁이에 가서 달라붙었다. 굴러가던 철갑차도 땅에 붙어버렸다. 소란하던 거리가 고요하여졌다. 비행기는 날아오지 않았다. 마치 살얼음 위를 걷는 사람 모양으로 마음 급하고 걸음은 아니 걸렸다. 간신히 소방서 앞을 지나서 인적 그친 거리를 걸어서 북사천로로 돌아나가려 할 때, 일본 병정 하나가 총매를 내밀며 달려든다. 나는 일본말은 알아도 입술만 떨리고 말은 나오지 않았다.

적막한 아스팔트 위에는 불규칙하게 밟는 나의 발자국 소리만 울리었다. 부상당한 병정들을 실은 적십자 자동차 하나가 지나간다. 아마 그가 있는 병원으로 가나 보다 하고 바라다보았다. 빨간 불길이 솟아오른다. 그리고 그 위로 안개 같은 연기가 피어 오른다. 불자동차 소리도 났다. 북사천로에 불이 붙은 것이다. 불덩이 튀는 소리와 아우성 소리도 간간이 들린다. 일본 육전대 방색 가까이 왔을 때 패―ㅇ하고 탄자 소리가 나더니 잭각잭각 다시 총 재는 소리가 난다. 이어서 기관총을 내두른다. 나는 그 자리에 섰을 수밖에 없게 되었다. 한 오분이 지났을까, 총소리는 그쳤다. 나는 그가 지금 근무하고 있는 시내 클리닉에 도착하였다.

그는 내 손을 잡으며,

"위험한 곳에를 어떻게 오셨어요."

그는 나를 자기 일하는 방으로 안내하였다. 총소리 대포 소리가 연달아 들려온다.

"고맙습니다. 그러나 저는 책임으로나 인정으로나 환자들을 내버리고 갈 수는 없습니다."

나는 그의 맑은 눈을 바라다보았다.

상해사변 때문에 귀국한 지 얼마 후였다. 춘원이 《흙》의 여주인공 이름을 얼른 작정하시지 못하는 것을 보고 있다가 나는 문득 그를 생각하고 '유순'이라고 지어드렸다. 지금 살아 있는지 가끔 그를 생각할 때가 있다.

구원의 여상

구원의 여상은 성모 마리아입니다. 단테의 '베아트리체', 루브르 박물관에 있는 헤나의 '파비올라'입니다. 둘이서 나란히 걸어가기에는 좁은 길이라고 믿는 알리사이기도 합니다.

그러나 또한 "불타 오르던 과거를, 쌓이고 쌓인 재가 덮어버린 지금은 당신을 다시 만나고 싶어해도 되겠지요. 언제라도 볼일이나 유람차 님므 부근에 오시거든 에에그비브에도 들려주세요." 이런 편지를 쓴 줄리엣도 구원의 여상입니다.

지나간 날의 즐거운 회상과 아름다운 미래의 희망이 고이 모인 얼굴.
그날그날 인생살이에
너무 찬란하거나 너무 선善스럽지 않은 것.
순간적인 슬픔, 단순한 계교

칭찬, 책망, 사랑, 키스, 눈물과 미소에 알맞은 것.

워즈워스의 이런 여인도 구원의 여상입니다.

여기 나의 한 여상이 있습니다. 그의 눈은 하늘같이 맑습니다. 때로는 흐리기도 하고 안개가 어리기도 합니다. 그는 싱싱하면서도 애련합니다. 명랑하면서도 어딘가 애수를 깃들이고 있습니다. 원숙하면서도 앳된 데를 지니고, 지성과 함께 한편 어수룩한 데가 있습니다. 걸음걸이는 가벼우나 빨리 걷는 편은 아닙니다. 성급하면서도 기다릴 줄을 알고, 자존심이 강하면서도 수줍어할 때가 있고, 양보를 아니하다가도 밑질 줄을 압니다.

그는 아름다우나, 그 아름다움은 사람을 매혹하게 하지 아니하는 푸른 나무와도 같습니다.

옷은 늘 단정히 입고 외투를 어깨에 걸치는 버릇이 있습니다. 화려한 것을 좋아하나 가난을 무서워하지 아니합니다. 그는 파이어플레이스에 통장작을 못 필 경우에는 질화로에 숯불을 피워놉니다. 차를 끓일 줄 알며, 향취를 감별할 줄 알며, 찻잔을 윤이 나게 닦을 줄 알며, 이 빠진 접시를 버릴 줄 압니다.

그는 한 사람하고 인사를 하면서 다른 사람을 바라다보는 일이 없습니다. 그는 지위, 재산, 명성 같은 조건에 현혹되어 사람의 가치평가를 잘못하지 아니합니다. 그는 예의적인 인사를 하기도 하지만 마음에 없는 말은 아니합니다.

아첨이라는 것은 있을 수 없습니다.

그는 남이 감당하지 못할 기대를 하고 실망을 하지 아니합니다.

그는 사치하는 일은 있어도 낭비는 절대로 아니합니다. 돈의 가치를 명심하면서도 인색하지 아니합니다. 돈에 인색하지 않고 시간에 인색합니다. 그는 회합이나 남의 초대에 가는 일이 드뭅니다. 그에게는 한가한 시간이 많습니다. 미술을 업으로 하는 그는 쉬는 시간에는 책을 읽고 음악을 듣고 오래오래 산책을 합니다.

그의 그림은 색채가 밝고 맑고 화폭에 넓은 여백의 미가 있습니다.

그는 사랑이 가장 귀한 것이나 인생의 전부라고는 생각지 아니합니다.

그는 마음의 허공을 그대로 둘지언정 아무것으로나 채우지는 아니합니다. 그는 자기가 사랑하지 않는 사람으로 하여금 자기를 사랑하게 하는 매력을 가지고 있습니다.

그러나 받아서는 아니될 남의 호의를 정중하고 부드럽게 거절할 줄 압니다.

그는 과거의 인연을 소홀히 하지 아니합니다. 자기 생애의 일부분인 까닭입니다. 그는 예전 애인을 웃는 낯으로 만날 수 있습니다. 그는 몇몇 사람을 끔찍이 아낍니다. 그러나 아무도 섬기지는 아니합니다.

그는 남의 잘못을 아량 있게 이해하며, 아무도 미워하지 아니합니다.

그는 정직합니다. 정직은 인간에 있어서 가장 큰 매력입니다.

그는 자기의 힘이 닿지 않는 광막한 세계가 있다는 것을 알고 있습니다.

그에게는 울고 싶을 때 울 수 있는 눈물이 있습니다. 그의 가슴에는 고갈하지 않는 윤기가 있습니다. 그에게는 유머가 있고, 재치 있게 말을 받아넘기기도 하고 남의 약점을 찌르기도 합니다. 그러나 그러는 때는 매우 드뭅니다. 그는 한 시간 내내 말 한마디 아니하는 때가 있습니다. 이런 때라도 그는 같이 있는 사람으로 하여금 그 시간을 헛되이 보내지 않았다는 기쁨을 갖게 합니다.

성실한 가슴, 거기에다 한 남성이 머리를 뉘고 살 힘을 얻을 수 있고, 거기에서 평화롭게 죽을 힘을 얻을 수 있는 그런 가슴을 그는 가지고 있습니다.

그는 신의 존재, 영혼의 존엄성, 진리와 미, 사랑과 기도, 이런 것들을 믿으려고 안타깝게 애쓰는 여성입니다.

토요일

예전 내 책상 앞에는 날마다 한 장씩 떼어버리는 달력이 있었다. 얇은 종잇장이라 금요일이 되면 바로 밑에서 기다리고 있는 파란 토요일이 비친다. 그러면 나는 금요일을 미리 뜯어버리는 것이었다. 그리고 일요일 오후가 되면 허전함을 느꼈다. 그러나 얼마 안 있어 희망에 찬 토요일은 다시 다가오곤 했다.

토요일이 없었던들 나는 상해上海에서 4년간이나 기숙사 생활을 못 하였을 것이다. 닷새 동안 수도승같이 갇혀 있다가 토요일 오후가 되면, 풀어준 말같이 시내로 달아났다. 음식점으로 영화관으로 카페로. 일요일 오후 지친 몸이 캠퍼스에 돌아갈 때면 나는 늘 허전함을 느꼈다. 그러나 그 후 나는 토요일을 기다리는 버릇을 못 버리게 되었다.

요사이는 주말을 어떻게 즐기느냐고? 토요일 오후에는 서영이와 같이 아이스크림을 사먹고 좋은 영화가 있으면 구경을 가기도 한다. 표를 못 사면 집으로 되돌아온다. 일요일에는 시외로 나가는 때도 있으나, 교통이 끔찍하여 집에서 소설을 읽는다. 그뿐이다. 그러나 한 달에 한 장씩 뜯는 달력에 하루하루 날짜를 지우며 토요일을 기다린다. 내 이미 늙었으나, 아낌없이 현재를 재촉하여 미래를 기다린다. 달력을 한 장 뜯을 때마다 늙어지면서도 나는 젊어지는 것을 느낀다. 달력에 그려 있는 새로운 그림도 나를 청신하게 한다. 두 달이 한 장에 실려 있는 달력을 나는 가장 싫어한다. 내가 미국에 있을 때 달력을 한 장 찢어버리는 것은 제미니 7호를 발사할 때 카운트다운하는 것과도 같이 스릴이 있었다.

결혼식을 마치고 퇴장하는 신부의 하얀 드레스는 금방 퇴색이나 된 듯하다. 사실 그 쑥스러운 상견례相見禮를 할 때, 그리도 기다렸던 결혼식은 이미 끝난 것이다. 그러나 허무도 잠깐, 그의 앞에는 새로운 희망이 있다. 행복할 가정, 태어날 아기, 시간은 사람에게 희망을 주기에 인색하지 않다. 그러기에 나에게는 언제나 다음 토요일이 있는 것이다.

12월 25일 오후가 되면 나는 허전해진다. 초순부터 설레던 가슴이 약간 피로를 느낀다. 그러나 그 순간 시간은 벌써 다음 크리스마스 이브를 향하고 있는 것이다. 종착은 동시에 시발이다. 이 해가 가기 전에 새해는 오는 것이다. 또 한 해의 꽃들이, 또 한 해의 보드랍고 윤기 있는 나뭇잎들이, 또

한 해의 정다운 찻잔, 웃음, 죄없는 얘기가 우리 앞에 있다.

'겨울이 오면 봄이 멀겠는가?' 새해가 오면 나는 주말마다 셸리와 쇼팽을 만나겠다. 쇼팽을 모르고 세상을 떠났더라면 어쩔 뻔했을까! 새해에 나를 찾아올 화려한 파라솔이 안 보이더라도 파란 토요일이 차례차례 오고 있을 것이다.

송 년

'또 한 해가 가는구나.' 세월이 빨라서가 아니라 인생이 유한有限하여 이런 말을 하게 된다. 새색시가 김장 삼십 번만 담그면 할머니가 되는 인생. 우리가 언제까지나 살 수 있다면 시간의 흐름은 그다지 애석하게 여겨지지 않을 것이다. 그러기에 세모歲暮의 정情은 늙어가는 사람이 더 느끼게 된다. 남은 햇수가 적어질수록 1년은 더 빠른 것이다.

나는 반 세기를 헛되이 보내었다. 그것도 호탕하게 낭비하지도 못하고, 하루하루를 일주일 일주일을 한 해 한 해를 젖은 짚단을 태우듯 살았다. 민족과 사회를 위하여 보람 있는 일도 하지 못하고, 불의와 부정에 항거하여 보지도 못했고, 그렇다고 학구에 충실치도 못했다. 가끔 한숨을 쉬면서 뒷골목을 걸어오며 늙었다.

시인 브라우닝이 〈베네세라 선생〉이란 시에서 읊은 것과는 달리, 나는 노경이 인생의 정상이라고는 생각하지 아니한다. 그렇다고 시인 예이츠와 같이 사람이 늙으면 허수아비라고도 생각하지 않는다.

'인생은 사십부터'라는 말을 고쳐서 '인생은 사십까지'라고 하여 어떤 여인의 가슴을 아프게 한 일이 있다. 지금 생각해 보면 인생은 사십부터도 아니요, 사십까지도 아니다. 어느 나이고 다 살 만하다.

백발이 검은 머리만은 못하지만, 물을 들여야 할 이유는 없다. 오히려 온아한 데가 있어 좋다. 때로는 위풍과 품위가 있기까지도 하다. 젊게 보이려고 애쓰는 것이 천하고 추한 것이다.

젊어, 열정에다 몸과 마음을 태우는 것과 같이 좋은 게 있으리요마는, 애욕·번뇌·실망에서 해탈되는 것도 적지않은 축복이다. 기쁨과 슬픔을 많이 겪은 뒤에 맑고 침착한 눈으로 인생을 관조하는 것도 좋은 일이다. 여기에 회상이니 추억이니 하는 것을 계산에 넣으면 늙음도 괜찮다. 그리고 오래오래 살면서 신문에서 가지가지의 신기하고 해괴한 일을 보는 것도 재미있다. 그러므로 나는 '일입청산만사휴―入靑山萬事休'라는 글귀를 싫어한다.

"할아버지" 하고 나를 부르는 소리를 처음 듣고 나는 가슴이 선뜩해졌다. 그러나 금방 자연에 순응하는 미소를 지었다. 나는 어려서 할아버지라는 사람의 종류가 따로 있는 줄 알았었다. 며칠 전 그 아이에게도 내가 그렇게 보였을 것이다.

'그랜드 올드 맨'이란 말이 있다. 나는 노대가老大家는 못 되더라도 '졸리 올드 맨好好翁'이 되겠다. 새해에는 잠을 못 자더라도 커피를 마시고 파이프 담배를 피우고 술도 마시도록 노력하겠다. 눈 오는 날, 비 오시는 날 돌아다니기 위하여 털신을 사겠다. 금년에 가려다가 못 간 설악산도 가고 서귀포도 가고, 내장사 단풍도 꼭 보러 가겠다.

이웃에 사는 명호를 데려다가 구슬치기를 하겠다. 한 젊은 여인의 애인이 되는 것만은 못 하더라도 아이들의 할아버지가 되는 것도 좋은 일이다. 무엇보다도 이야기하는 데 힘이 들지 않아 좋다. 하기야 지금은 젊은 여자에게 이야기하기도 편해졌다. 설사 말이 탈선을 하더라도 늙은이의 주책으로 돌릴 것이다. 저편에서도 마음놓고 나를 사귈 수 있게 되었다. 가령 "선생님 뵙고 싶은 때가 많습니다" 하고 편지가 자유롭게 우리 집 주소로 날아오기도 한다.

올해가 간다 하더라도 나는 그다지 슬퍼할 것은 없다. 나의 주치의의 말에 의하면 내 병은 자기와 술 한잔 마시면 금방 나을 것이라고 하니, 그와 적조하게 지내지 않는 한 나는 건강은 유지할 수 있을 것이다. 그리고 무엇보다도 조춘早春 같은 서영이가 시집갈 때까지 몇 해 더 아빠의 마음을 푸르게 할 것이다.

장수長壽

 비 오는 날이면 수첩에 적어두었던 여배우 이름을 읽어보면서 예전에 보았던 영화 장면을 회상하는 버릇이 있었다. 지금도 때로는 미술관 안내서와 음악회 프로그램을 뒤적거리기도 하고 지도를 펴놓고 여행하던 곳을 찾아서 본다. 물론 묶어두었던 편지들을 읽어도 보고 책갈피에 끼워둔 사진을 들여다보기도 한다.

 30년 전이 조금 아까 같을 때가 있다. 나의 시선이 일순간에 수천 수만 광년光年 밖에 있는 별에 갈 수 있듯이, 기억은 수십 년 전 한 초점에 도달할 수 있는 까닭이다.

 그러나 나와 그 별 사이에는 희박하여져가는 공기와 멀고 먼 진공이 있을 뿐이요, 30년 전과 지금 사이에는 변화 곡절이 무상하고 농도 진한 '생활'이라는 것이 있다. 이 생활 역사를 한 페이지 읽어보면 일년이라는 세월은 긴긴 세월이요, 하룻밤, 아니 오분에도 별별 사건이 다 생기는 것이다.

과거를 역력하게 회상할 수 있는 사람은 참으로 장수를 하는 사람이며, 그 생활이 아름답고 화려하였다면 그는 비록 가난하더라도 유복한 사람이다.

 예전을 추억하지 못하는 사람은 그의 생애가 찬란하였다 하더라도 감추어둔 보물의 세목細目과 장소를 잊어버린 사람과 같다. 그리고 기계와 같이 하루하루를 살아온 사람은 그가 팔순을 살았다 하더라도 단명한 사람이다. 우리가 제한된 생리적 수명을 가지고 오래 살고 부유하게 사는 방법은 아름다운 인연을 많이 맺으며 나날이 착한 일을 하고, 때로 살아온 자기의 과거를 다시 사는 데 있는가 한다.

만 년

어려서 잃었으나 기억할 수 있는 엄마 아빠가 계시고, 멀리 있어도 자주 편지를 해주는 아들딸이 있고, 지금까지 한결같이 지내 온 몇몇 친구가 있다. 그리고 아직도 쫓아와 반기는 제자들이 있다.

학문하는 사람들이 찾아오면 비록 오막살이라도 누추하지 않다는 옛 글이 있다. 늙은 아내 탓을 하지만 기름 때는 아파트로 이사 온 것은 분에 넘치는 노릇이다. 그리고 긴 긴 시간을 혼자서 가질 수 있는 사치가 있다. 젊어서 읽었던 《좁은문》 같은 소설을 다시 읽어도 보고 오래된 전축으로 쇼팽을 듣기도 한다. 그리고 그 기쁨을 누릴 수 있는 마음의 평온을 송구스럽게 여기지도 않는다.

하늘에 별을 쳐다볼 때 내세가 있었으면 해보기도 한다. 신기한 것, 아름다운 것을 볼 때 살아 있다는 사실을 다행으로 생각해본다. 그리고 훗날 내 글을 읽는 사람이 있어 '사랑을 하고 갔구나' 하고 한숨지어주기를 바라기도 한다. 나는 참 염치없는 사람이다.

여성의 미

"나의 여인의 눈은 태양과 같지 않다. 산호는 그녀의 입술보다 더 붉다."

이것은 셰익스피어의 정직한 말이다. 하기야 뺨이 눈같이 희다고 그리 아름다운 것도 아니요, 장미 같다고 아름다운 것도 아니다. 애인의 입술이 산호같이 붉기만 하여도 그리 좋을 것이 없고, 그의 눈이 태양같이 눈부시게 비친다면 큰일이다.

여성들이 얼굴을 위하여 바치는 돈과 시간과 정성은 민망할 정도로 막대하다. 칠하고 바르고 문지르고 매일 화장을 한다. 하기야 돋보이겠다는 이 수단은 죄 없는 허위다. 그런데 사실은 그럴 필요가 없다. 젊은 얼굴이라면 순색 그대로가 좋다. 찬물로 세수를 한 젊은 얼굴보다 더 아름다운 것이 어디 또 있겠는가? 늙은 얼굴이라면 남편이 코티 회사 사장이라도 어여뻐질 수는 없는 것이다.

인형같이 예쁘다는 말은 사람이 아니요, 만들어 놓은 물건이란 말이다. 여성은 물건이 아니요, 사람이다. 단지 얼굴이나 몸의 부분적인 생김생김만이 미가 될 수는 없다. 미스 아메리카와 같이 '인치'나 '파운드'로 미가 규정되어서는 안 된다.

 여성의 미는 생생한 생명력에서 온다. 맑고 시원한 눈, 낭랑한 음성, 처녀다운 또는 처녀 같은 가벼운 걸음걸이, 민활한 일 솜씨, 생에 대한 희망과 환희, 건강한 여인이 발산하는, 특히 젊은 여인이 풍기는 싱싱한 맛, 애정을 가지고 있는 얼굴에 나타나는 윤기, 분석할 수 없는 생의 약동, 이런 것들이 여성의 미를 구성한다.

 비너스의 조각보다는 이른 아침에 직장에 가는 영이가 더 아름답다. 종달새는 하늘을 솟아오를 때 가장 황홀하게 보인다. 그리고 종달새를 화려한 공작보다도 나는 좋아한다. 향상이 없는 행복을 생각할 수 없는 것 같이, 이상에 불타지 않는 미인을 상상할 수 없다. 양귀비나 클레오파트라는 요염하고 매혹적인 여인들이었다. 그러나 그들에게서 평화와 행복을 약속하는 건전한 미는 찾을 수 없었던 것이다. 그들은 마침내 나라를 기울여뜨리고 자신들을 망하게 하였다. 참다운 여성의 미는 이른 봄 같은 맑고 맑은 생명력에서 오는 것이다.

 시인 키이즈는 '아름다운 것은 영원한 기쁨이라' 하였다.

그러나 그 아름다움 자체가 스러져 없어지는 것을 어찌하리오. 아무리 아무리 아름다운 여성도 청춘의 정기를 잃으면 시들어버리는 것이다. 솔직하게 말하여 나는 사십이 넘은 여인의 아름다운 얼굴을 드물게 본다. '원숙하다' 또는 '곱게 늙어간다'라는 말은 안타까운 체념이다. 슬픈 억지다. 여성의 미를 한결같이 유지하는 약방문은 없는가 보다. 다만 착하게 살아온 과거, 진실한 마음씨, 소박한 생활 그리고 아직도 가지고 있는 희망, 그런 것들이 미의 퇴화를 상당히 막아낼 수 있을 것이다.

선 물

 꽃은 좋은 선물이다. 장미, 백합, 히아신스, 카네이션, 나는 많은 꽃 중에서 카네이션을 골랐다. 그가 좋아하는 분홍 카네이션 다섯 송이와 아스파라거스 두 가지를 사 가지고 거리로 나왔다. 그는 향기가 너무 짙은 꽃을 좋아하지 않는다. 첫아기를 안은 젊은 엄마와 같이 웃는 낯으로, 가끔 하얀 케이프를 두른 양 종이에 싸인 꽃을 들여다보며 걸어갔다. 누가 나보고 어디 가느냐고 물으면 나는 "우리 애기 백일날은 내일 모레예요"라고 대답하였을 것이다.
 그러면 그는 무슨 소린지도 모르고 그저 웃고 지나갈 것이다.
 선물은 뇌물이나 구제품같이 목적이 있어서 주는 것이 아니라, 그저 주고 싶어서 주는 것이다. 구태여 목적을 찾는다면 받는 사람을 기쁘게 하는 것이다. 선물은 포시아가 말하는 자애慈愛와 같이 주는 사람도 기쁘게 한다. 무엇을 줄까 미리부터 생각하는 기쁨, 상점에 가서 물건을 고르는 기쁨, 그리고 선물을 기뻐하는 것을 바라보는 기쁨, 인편이나 우편으로 보내는 경우에는 받는 사람이 기뻐하는 것을 상상하여 보는 기쁨, 이런 가지가지의 기쁨을 생각할 때 그 물건이 아무리 좋은 물건이라도 아깝지 않은 것이다. 선물을 받는 순간의 기쁨도 크지마는 선물을 푸는 순간의 기쁨이 있다. 이 기쁨을 길게 연장시키기 위하여 나는 언젠가 작은 브로치 하나를 싸고 또 싸서 상자에 넣고, 그 상자를 더 큰 상자에 넣고 그 상자를 또 더 큰 상자에 넣어 누구에게 준 적이 있다.

남에게 주는 물건들이 다 좋은 선물이 되는 것은 아니다. 양담배를 피는 사람에게 양담배를 한 보루 주는 것은 돈으로 이삼천 원 주는 것이나 다름이 없다. 그러나 늘 진로 소주를 먹는 사람에게 조니워커 한 병은 선물이 되는 것이다. 백청 한 항아리는 선물이 되어도 설탕 한 포대는 선물이 될 수 없다. 와이셔츠가 아니라 넥타이가 좋은 선물이 된다. 유럽에 갔다가 파리에서 사 온 넥타이라면 더욱 좋다. 촌 부인에게 광목 한 통이 비단보다 더 필요하기는 하겠지만, 양단 저고리 한 감이 정말 선물이 되는 것이다.

내가 가난한 탓인지 일 년에 한두 번 와이셔츠를 갖다 주는 사람들이 있다. 양말을 받는 때도 있다.

선물은 아름다운 물건이라야 한다. 진주 목걸이, 다이아

반지, 댄스할 때 흔들릴 팔찌, 이런 사치품들도 좋은 선물이다.

그러나 선물은 뇌물이 아니므로 그 가치는 그 물건의 가격과 정비례되지 않는다. 값싼 물건, 값 없는 물건까지도 좋은 선물이 될 수 있다.

나는 내금강에 갔다가 만폭동 단풍 한 잎을 선물로 노산鷺山에게 갖다준 일이 있다. 그는 단풍잎을 받고 아름다운 시조를 지어 발표하였었다. 내가 받은 선물 중에는 유치원 다닐 때 삐아트리스에게서 받은 붕어 과자 속에서 나온 납반지, 친구 한 분이 준 열쇠 하나, 한 학생이 갖다 준 이름 모를 산새의 깃, 무지개같이 영롱한 조가비 — 이런 것들이 있다.

주인공의 이름은 잊었지만, 지중해 어떤 항구에 술 파는 여자가 있었다. 선부들이 항해를 하고 들어올 때면 선물을 갖다 주었다. 염주 목걸이, 조가비를 꿰어 만든 팔찌, 산호 반지, 그 선부들은 다음 번에 이 항구에 왔을 때, 그 여자가 자기가 갖다 준 선물을 몸에 지니고 있지 않으면 매우 섭섭해 하였다. 그 여자는 앞으로는 꼭 가지고 있겠다고 달래 준다. 그러면 여자의 가슴에 머리를 박고 젊은 수부들은 울었다. 그리하여 마음 좋은 그 여자는 언제나 여러 개의 목걸이를 하고 여러 개의 팔찌를 하고 수많은 반지를 끼고 있는 것이었다.

벌써 십오 년 전이다. 나의 친구는 자기가 가졌던 회중시계를 나에게 주었다. 나는 시계를 사지 못하던 형편이라 그가 시계를 준 것을 대단히 고맙게 생각하였다. 그러나 그것이 그리 귀한 선물이라고 생각지 않았었다.

그 친구는 그 후 얼마 아니 있다가 세상을 떠나고, 시계는 지금 내가 남에게서 받은 선물들 중에서 가장 소중한 것이 되었다.

시계는 줄은 끊어졌으나 살아서 잘 가고 있다. 우리 델라가 길 같은 머리라도 가졌다면 그것을 팔아서 이번 크리스마스 선물로 내 시계줄을 사다 줄 텐데, 이 여자도 남과 같이 퍼머를 하여버렸다.

여성의 편지

여성들에게서 많은 편지를 받는다고 해서 영화 배우가 나보다 좋을 것은 없다. 여성 독자로부터 팬 레터를 받는 신문 소설 작가도 나의 선망의 대상은 아니다. 그런 편지들은 사카린을 탄 주스나 순설탕 사이다 아니면, 고작 코카콜라나 몇 번 우려낸 커피 같은 것들이다. 좋은 차의 향취는 없다.

기다리던 여성과 이야기를 시작한 지 오 분이 못 가서 싫증이 나는 수가 많다. 아름다운 여성과의 대화에 있어서도 그런 일이 많다. 자색과 애교가 이야기에 어느 정도의 흥미를 보충하는 수도 있다. 그러나 편지에 있어서는 이런 도움이 불가능하다. 그러므로 매력 있는 표정을 하는 여성의 편지도 기쁨을 주기 어려운 것이다. 내가 받고 싶은 여성의 편지는 아베라드한테 한 에로이즈의 편지, 예이츠에게 보낸 모오드곤의 편지, 보존된 것은 없으나 황진이의 편지 그런 것들이다. 여기 이런 편지가 있다.

'이것은 오늘 내가 쓴 제4의 편지입니다(다른 석 장은 찢어 버렸습니다. 이것은 부칠 작정입니다). 이 편지도 쉬 받으시지는 못할지도 모릅니다. 전번 편지 답장이 오기 전에는 이 편지를 부치지 않을 테니까요. 배달부는 거북이에요. 아주 미운 거북이에요. 내가 가진 돈을 다 털어서 긴긴 전보를 치고 싶습니다. 정신분석은 하지 마세요.

어젯밤은 창을 열어놓고 잤습니다. 여기의 공기는 과실과 같습니다. 약보다 낫습니다. 오늘은 하루 종일 책을 읽었습니다. 숲과 들과 산과 자갈 깔린 저 해안을 거닐고 싶습니다. 때로는 엷은 스웨이드 장갑을 끼고 도시에 가서 그림을 보고 음악을 듣고 카페에 앉아서 오래오래 차를 마시며, 지나가는 사람들을 바라보고 언제나 자유롭고 언제나 인정이 있고 언제나 배우고 그렇게 살고 싶습니다.'

나는 영화를 보면서 자기가 주인공인 양 좋아하는 그런 어리석은 사나이는 아니다. 그러나 나는 존 미들톤 머리가 아니라도 캐서린 맨스필드의 이 편지를 즐겨 읽는다. 그리고 인기 배우를 부러워하지 않는다.

가구

도연명陶淵明의 '허실유여한虛室有餘閑'이라는 시구는 선미禪味는 있을지 모르나 아늑한 감이 적다. 물 떠먹는 표주박 하나만 가지고 사는 디오게네스는 아무리 고답한 철학을 탐구한다 하더라도 명상하는 미개인에 지나지 않는다 .

사람은 가구와 더불어 산다. 내가 가지고 싶은 것은 골동품이 아니라도 예전 것들이다. 퇴계와 율곡 같은 분이 쓰던 유래 있는 문갑이 아니라도. 어느 조촐한 선비의 손때가 묻은 대나무로 짜서 옻칠한 문갑이다.

먹글씨를 아니 쓰더라도 예전 벼루와 연적이 하나 있었으면 한다.

세전지물世傳之物, 우리네 살림에는 이런 것들이 드물다. 증조할머니가 시집올 때 가지고 온 것, 이런 것이 없는 까닭은 가난한 탓도 있고 전란을 겪은 탓도 있고 한 군데 뿌리를 박고 살지 못하는 탓도 있다.

그리고 오래 된 물건을 귀중히 여기지 않는 잘못에도 있다. 유서 깊은 화류장롱이나 귀목 반닫이를 고물상에 팔아 버리고 베니어로 만든 '단스(옷장)'나 금고金庫 같은 '캐비닛'을 사들이는 사람이 있다. 이들은 교체를 잘하는 사람들이다.

서양 사람들은 오래된 가구나 그릇을 끔찍이 사랑하며 곧잘 남에게 자랑한다. 많은 설명이 따르기도 한다. 파이프 불에 탄 자국이 있는 마호가니 책상, 할아버지가 글래스턴과 같이 유명했던 사람이라면 이야기는 더 길어진다. 자동차 같은 것을 해마다 바꾸는 미국 가정에서도 '팔라'에는 할머니가 편물을 짜며 끄덕거리고 앉아 있던 '로커'가 놓여 있다. 흑단黑檀, 백단白檀, 자단紫檀의 오래된 가구들, 이런 것들은 우리 생활에 안정감을 주며 유구한 생활을 상징한다. 사람은 가도 가구는 남아 있다 .

화려하여서가 맛이 아니다. 오래가고 정이 들면 된다. 쓸수록 길이 들고 길이 들어 윤이 나는 그런 그릇들이 그립다. 운봉칠기雲峰漆器, 나주소반, 청도운문산淸道雲門山 옹달솥, 밥을 담아 아랫목에 묻어 두면 뚜껑에 밥물이 맺히는 안성맞춤 놋주발, 이런 것들조차 없는 집이 많다. 이런 것들이 없다면 우리네 살림살이는 한낱 소모품에 지나지 않을 것이다.

맛과 멋

맛은 감각적이요, 멋은 정서적이다.
맛은 적극적이요, 멋은 은근하다.
맛은 생리를 필요로 하고, 멋은 교양을 필요로 한다.
맛은 정확성에 있고, 멋은 파격에 있다.
맛은 그때뿐이요, 멋은 여운이 있다.
맛은 얕고, 멋은 깊다.
맛은 현실적이요, 멋은 이상적이다.
정욕생활은 맛이요, 플라토닉 사랑은 멋이다.

그러나 맛과 멋은 반대어는 아니다. 사실 그 어원은 같을지도 모른다. 맛있는 것의 반대는 맛없는 것이고, 멋있는 것의 반대는 멋없는 것이지 멋과 맛이 반대되는 것은 아니다.

맛과 멋은 리얼과 낭만과 같이 아름다운 조화를 이루는 것이다.

그러나 맛만 있으면 그만인 사람도 있고, 맛이 없더라도 멋만 있으면 사는 사람도 있다.

  맛은 몸소 체험을 해야 하지만, 멋은 바라보기만 해도 좋다.

  맛에 지치기 쉬운 나는 멋을 위하여 살아간다.

서영이에게

 몸 성히 학교에 잘 다니니? 며칠 전에 받은 옥순이 아줌마 편지에 네가 학교 운동장에서 고무줄 하는 것을 보았다는 말이 있어 매우 기뻤다. 네 윗니 빠진 것 두 개 새로 나왔니? 아직 안 나왔으면 치과에 엄마하고 가 보아라. 네가 보고 싶을 때면 네가 부르던 노래를 불러본다. 미국에 왔던 한국 어린이 합창단이 불러 넣은 레코드를 빌려다 들으면서 네 생각을 하기도 한다. 네가 고무줄놀이하는 것이 몹시 보고 싶다.
 아빠가 와 있는 곳은 미국 동북방 끝이다. 서울이 낮 오정이면 이곳은 그 전날 밤 열 시 사십오 분이 된다. 아침 여덟 시 네가 학교에 갈 때는 여기는 저녁 일곱 시다. 우리 매일 이때면 똑같이 서로 생각하자.
 아빠가 있는 곳이 어디쯤 되는지 지도로 찾아보아라. 보스턴을 찾으면 된다. 보스턴에서 다리 하나만 건너면 하버드 대학이 있는 케임브리지라는 곳에 온다. 이곳은 오래된 점잖은 도시지만 내게는 네가 있는 서울만 못하다.

하버드 대학 마당에는 큰 나무들이 많고 잔디가 깔려 있는데 여기에 많은 비둘기와 다람쥐들이 살고 있다. 내가 마당을 걸어갈 때면, 이 다람쥐들이 나를 쫓아와 먹을 것을 달라고 나를 쳐다본다. 양복 저고리 호주머니로 기어오르기도 한다. 미국 다람쥐들도 상수리와 도토리를 좋아한다. 비둘기는 콩과 마른 빵 부스러기를 잘 먹는다.

대학박물관에는 세계에서 몇 개 안 되는 큰 금강석도 있지만, 그보다 더 유명한 것은 유리꽃들이다. 유리꽃 하면 두껍고 든든한 유리로 꽃을 만들어놓은 것을 상상하게 되지만, 그런 것이 아니고 정말 꽃잎과 같이 엷고 하늘하늘하며 조금만 흔들면 부서지는 아주 약한 것들이다. 빛깔도 정말 꽃들과 같고, 긴 수술 짧은 수술 암술 잎사귀 줄기들도 정말 꽃과 똑같다. 다른 점은 이 유리꽃들은 사철 피어 있고 영원히 시들지 않는 점일 것이다.

그런데 이 유리꽃의 수효가 얼마나 되는지 짐작하겠니? 장미, 백합, 난초, 철쭉, 가지각색으로 육백 종이 넘고, 수로는 천이 넘는다.

이 유리꽃은 독일 식물학자요 미술가인 아버지와 그의 아들이 육십 년이라는 긴 세월을 바쳐서 만든 것이란다. 미국 사람이 이 유리꽃을 돈을 많이 주고 사서 운반하여 오는 도

중에 아깝게도 삼분의 일이 깨어졌다고 한다. 이 유리꽃들은 진열장에 넣어 놓았는데 그중에 깨어진 꽃 한 송이가 있다. 흔들든지 건드리면 이렇게 깨진다는 것을 여러 사람들에게 보이려고 그대로 두었다 한다.

어젯밤은 '할로윈 이브'라는 아이들 명절이다. 아이들이 뾰족한 꼭대기 긴 모자를 쓰고 이상스런 옷을 입고 눈을 마스크로 가리고 긴 피리를 불면서 이웃집들을 찾아온다. 과자를 주면 고맙다고 받아 가지고 가고, 안 주면 그 집 문에다 그림을 그려놓고 달아난다. 아빠도 과자를 사다 놓고 기다렸더니 세 패가 다녀갔다.

네 인형 예쁜 것으로 사다 두었다. 어서 태평양 바다를 건너 가서 너한테 안기기를 기다리고 있다. 이름은 '난영'이라고 부르면 어떨까? 머리가 금빛이고 눈이 파랗지만, 한국에서 살 테니까 한국 이름을 지어주어야지?

아빠가 부탁이 있는데 잘 들어주어.

밥은 천천히 먹고

길은 천천히 걷고

말은 천천히 하고

네 책상 위에 '천천히'라고 써 붙여라.

눈 잠깐만 감아봐요. 아빠가 안아 줄게,

자 눈 떠!

　　　　　　　　　　　11월 1일 서영이가 사랑하는 아빠

서영이

내 일생에는 두 여성이 있다. 하나는 나의 엄마고 하나는 서영이다. 서영이는 나의 엄마가 하느님께 부탁하여 내게 보내주신 귀한 선물이다.

서영이는 나의 딸이요, 나와 뜻이 맞는 친구다. 또 내가 가장 존경하는 여성이다. 자존심이 강하고 정서가 풍부하고 두뇌가 명석하다. 값싼 센티멘털리즘에 흐르지 않는, 지적인 양 뽐내지 않는 건강하고 명랑한 소녀다.

버릇이 없을 때가 있지만, 나이가 좀 들면 괜찮을 것이다. 나는 남들이 술 마시느라고 없앤 시간, 바둑 두느라고 없앤 시간, 돈을 버느라고 없앤 시간, 모든 시간을 서영이와 이야기 하느라고 보냈다. 아마 내가 책과 같이 지낸 시간보다도 서영이와 같이 지낸 시간이 더 길었을 것이다. 그리고 이 시간은 내가 산 참된 시간이요, 아름다운 시간이었음은 물론, 내 생애에 가장 행복한 부분이다.

내가 해외에 있던 일 년을 빼고는 유치원서 국민학교를 졸업할 때까지 거의 매일 서영이를 데려다주고 데리고 왔다. 어쩌다 늦게 데리러 가는 때는 서영이는 어두운 운동장에서 혼자 고무줄놀이를 하고 있었다. 지금 생각해도 안타까운 것은 일 년 동안이나 서영이와 떨어져 살던 기억이다. 오는 도중에 동경에서 삼 일 간 체류할 예정이었으나, 견딜 수가 없어서 그날로 귀국했다. 그래서 비행장에는 마중 나온 사람이 하나도 없게 되었다. 나는 택시에 짐을 싣고 곧장 학교로 갔다.

　내가 서영이 아빠로서 미안한 것이 한두 가지가 아니다. 첫째 내 생김생김이 늘씬하고 멋지지 못한 것이 미안하다. 따라서 아름다운 아내를 맞이하지 못하였던 것이 미안하다. 젊은 아빠가 아닌 것이 미안하다. 보수적인 점이 있기 때문이다. 기대가 커서 그것에 대한 의무감을 느끼게 하는 것이 미안하다.

　서영이는 내 책상 위에 '아빠 몸조심'이라고 먹글씨로 예쁘게 써 붙였다. 하루는 밖에 나갔다 들어오니 '아빠 몸조심'이 '아빠 마음조심'으로 바뀌었다. 어떤 여인이 나를 사랑한다는 소문을 듣고 그랬다는 것이다. 그 무렵 서영이는 안톤 슈낙의 〈우리를 슬프게 하는 것들〉이라는 글을 읽고 공책에다 '나를 가장 슬프게 하는 것은 아빠에게 애인이 생겼을 때'라고 써놓은 것을 보았다. 아무려나 서영이는 나의 방파제이다. 아무리 거센 파도가 밀려온다 하더라도 그는 능히 막아낼 수 있으며, 나의 마음속에 안정과 평화를 지킬 수 있다.

나는 '서영이도 결혼을 할 테지'하고 십 년이나 후의 일이지만 이 생각 저 생각 할 때가 있다. 딸이 결혼하는 것을 '남에게 준다', '치운다' 이런 따위의 관념은 몰인정하고 야속하고 죄스러운 일이라 믿는다. 딸의 사진을 함부로 돌린다거나 상품을 내어보이듯이 선을 보인다거나 하는 짓은 있어서는 아니 될 것이다. "어서 보내야겠는데 큰일 났어요. 어디 한 군데 천거하십시오." 이런 소리를 나에게 하는 사람의 얼굴을 나는 뻔히 쳐다본다. 결혼을 한 뒤라도 나는 내 딸이 남의 집 사람이 되었다고는 생각지 않을 것이다. 물론 시집살이는 아니하고 독립한 가정을 이룰 것이며, 거기에는 부부의 똑같은 의무와 권리가 있을 것이다. 아내도 새 집에 온 것이요, 남편도 새 집에 온 것이다. 남편의 집인 동시에 아내의 집이요, 아내의 집인 동시에 남편의 집이다.

결혼은 사랑에서 시작되어야 하고, 사랑은 억지로 해지는 것은 아니다. 결혼은 사람에 따라, 특히 천품이 있는 여자에 있어서 자기에게 충실하기 위하여 아니하는 것도 좋다. 자기의 학문·예술·종교 또는 다른 사명이 결혼생활과 병행하기 어려우리라고 생각될 경우에는 독신으로 지내는 것이 의의 있을 것이다. 결혼생활이 지장을 가져오지 않고 오히려 도움이 된다면 참으로 다행한 일이다. 퀴리 부인 같은 경우는 좋은 예라 하겠다. 여자의 결혼 연령은 이십대도 좋고 삼십대도 좋고, 그 이상 나이에 해도 행복하게 살 수 있다. 청춘이 짧다고 하지만 꽃같이 시들어버리는 것은 아니다.

  나에게 이런 소원이 있었다.

'내가 늙고 서영이가 크면 눈 내리는 서울 거리를 걷고 싶다'고. 지금 나에게 이 축복 받은 겨울이 있다. 장래 결혼을 하면 서영이에게도 아이가 있을 것이다. 아들 하나 딸 하나 그렇지 않으면 딸 하나 아들 하나가 좋겠다. 그리고 다행히 내가 오래 살면 서영이 집 근처에서 살겠다. 아이 둘이 날마다 놀러 올 것이다. 나는 〈파랑새〉 이야기도 하여 주고 저의 엄마에 대한 이야기도 들려줄 것이다. 그리고 아이들은 저의 엄마처럼 나하고 구슬치기도 하고 장기도 둘 것이다. 새로 나오는 잎새같이 보드라운 뺨을 만져보고 그 맑은 눈 속에서 나의 여생의 축복을 받겠다.

딸에게

"책 볼 기운이 없어 빨래를 하며 집 생각을 하고 있었어" 하는 가벼운 하소연, 그러나 너의 낭랑한 전화 목소리는 아빠의 가슴에 단비를 퍼부었다.

전번 네 편지에 네가 외로움을 이겨 나가는 버릇이 생겼고 무엇이나 혼자서 해결하여 나갈 수 있게 되었다 하여 나는 안심하고 있었다.

학문하는 사람에게 고적은 따를 수밖에 없다. 혼자서 일하고 혼자서 생각하는 시간이 거의 전부이기에 일상생활의 가지가지의 환락을 잃어버리고 사람들과 소원해지게 된다. 현대에 있어 연구생활은 싸움이다. 너는 벌써 많은 싸움을 하여 왔다. 그리고 이겨 왔다. 이 싸움을 네가 언제까지 할 수 있나, 나는 가끔 생각해 본다. 그리고 너에게 용기를 북돋워준다는 것이 가혹한 것이라고 생각하기도 한다.

진리 탐구는 결과보다도 그 과정이 아름다울 때가 있다.

특히 과학은 연구 도중 너에게 차고 맑은 기쁨을 주는 순간이 많으리라. 허위가 조금도 허용되지 않는 이 직업에는 정당한 보수와 정당한 영예가 있으리라 믿는다.

네 편지에 너는 네가 아빠가 실망하게 변해 가지는 않나 생각해 본다고 하였다. 그리고 나이가 들어가는 것이 걱정된다고 하였다. 나이가 들어가는 것 외에는 아빠가 싫어할 게 없는 것 같은 생각이 든다고도 하였다. 남들이 너를 무척 어려 보인다고들 하고, 대학 몇 학년이냐고 묻는 사람도 있다고 하였다. 너는 아빠에게는 지금도 어린 소녀다. 네가 남에게 청아한 숙녀로 보이는 때가 오더라도 나에게는 언제나 어린 딸이다.

네가 대학 다닐 때 어떤 밤 늦도록 하디의 소설을 읽다가 내 방으로 와서 "수(Sue)가 가엾다"고 하였다. 네 눈에는 눈물이 어렸었다. 감정에 충실하게 살려면 비극의 주인공이 될 수밖에 없다. 수와 같은 강한 여자에게 있어서는 더욱 그러하다. 너는 디킨스의 애그니스같이 온아하고 참을성 있는 푸른 나무와 같은 여성이 되기 바란다. 좋은 아내, 좋은 엄마가 되어 순조로운 가정 생활을 하는 것이 옳은 길인지, 아니면 외롭게 살며 연구에 정진하는 것이 네가 택해야 할 길인지 그것은 너 혼자서 결정할 문제다. 어떤 길이든 네가 가고 싶으면 그것이 옳은 길이 될 것이다.

요즘 틈이 있으면 화이트헤드와 러셀을 읽는다니 반가운

일이다. 그들은 둘 다 수학에서 철학으로 옮아간 학자들로 다른 철학자들보다 선명하고 모호한 데가 적으리라 믿는다. 과학을 토대로 하지 않는 철학은 기초 작업이 튼튼치 않은 성채와도 같다.

한편, 과학자에게는 철학공부가 매우 유익하리라고 생각한다. 현대 과학은 광맥을 파 들어가는 것과 같이 좁고 깊은 통찰은 할 수 있으나 산 전체의 모습을 알기 어렵고 산 아래 멀리 전개되는 평야를 내려다볼 수는 없을 것이다. 너는 시간을 아껴 철학과 문학을 읽고, 인정이 있는, 언제나 젊고 언제나 청신한 과학자가 되기 바란다.

안녕 안녕 아빠가.

잠 아니 올 때는 리부륨 대신 포도주를 먹어라.

도산島山

 스피노자의 전기傳記를 어떤 세속적인 학자가 썼다고 하여 이를 비난하는 사람이 있었다. 이런 비난은 옹졸한 것이다. 마리아는 창녀의 기도를 측은히 여기고, 충무공忠武公은 소인小人들의 참배를 허용하시리니, 내 감히 도산을 스승이라 추모할 수 있을까 한다. 나에게 지식을 가르쳐주신 분은 많다. 그리고 그중에는 나에게 반사적 광영을 갖게 하는 이름들도 있다. 그러나 높은 인격을 나에게 보여주신 분은 도산島山 선생이시다.

 내가 상해로 유학을 간 동기의 하나는 그 분을 뵐 수 있으리라는 기대였었다. 가졌던 큰 기대에 대하여 환멸을 느끼지 않은 경험이 내게 두 번 있다. 한 번은 금강산을 처음 바라보았을 때요, 또 한 번은 도산을 처음 만나 뵌 순간이었다. 용모·풍채·음성 이 모든 것이 고아하였다. 그는 학문을 많이 하신 분은 아니었지만 예리한 관찰력과 명철한 판

단력을 가지고 계셨다.

그는 숭고하다기에는 너무나 친근감을 주고 근엄하기에는 너무 인자하였다. 그의 인격은 위엄으로 나를 억압하지 아니하고 정성으로 나를 품 안에 안아버렸다.

연단에 서신 우아한 그의 풍채, 우렁차면서 날카롭지 않고 청아하면서 부드러운 그 음성, 거기에 자연스러운 몸가짐, 선생은 타고난 웅변가이었다. 미국 사람들은 루스벨트 대통령의 목소리를 예찬하나 선생의 목소리만은 못 하다고 생각한다.

도산은 혁명가요 민족적 지도자이기 이전에 인간으로서 높은 존재이었다. 그는 위대하다는 사람들이 가지고 있는 이상스러운 데가 하나도 없었다. 거짓말이나 권모술수를 쓰지 않았다. 만약에 그런 것들이 정치에 꼭 필요하다면 그 분은 전혀 정치할 자격이 없는 분이었다.

한번은 거짓말에 대한 나의 질문에 선생이 말씀하시기를 "거짓말이 허락되는 경우가 있다면 그렇게 아니하면 동지들에게 큰 해가 돌아오게 될 때뿐"이라고 하셨다. 그는 진실의 화신化身이었다.

그의 사랑을 받은 사람은 수백을 헤아릴 텐데 한 사람 한 사람이 다같이 자기만을 대하여 주시는 것같이 느꼈다. 그리고 그는 어린아이들을 끔찍이 사랑하셨다.

그는 가난한 생활을 하였으나 청초하였다. 그는 세밀한

분으로 꽃나무 하나 사는 데도 검토를 하셨다. 큰일을 하는 분은 대범하다는 말은 둔한 머리의 소유자가 뱃심으로 해나간다는 말이다. 지도자일수록 과학적 정확성과 예술적 정서를 가져야 한다.

그의 침실 벽에는 장검長劍이 걸려 있었다. 이는 그의 호신護身을 위해서가 아니라 용기의 상징으로서 방을 장식하기 위한 것이었다.

1932년 6월, 그가 일본 경찰에 체포되어 고국으로 압송된 후에도 그의 작은 화단에는 그가 가꾸던 여름꽃들이 주인의 비운도 모르고 피어 있었다.

내가 병이 나서 누웠을 때 선생은 나를 실어다 상해 요양원에 입원시키고. 겨울 아침 일찍이 문병을 오시고는 했다. 그런데 나는 선생님 장례에도 참례치 못했다. 일경日警의 감시가 무서웠던 것이다. 예수를 모른다고 한 베드로보다도 부끄러운 일이다.

춘원春園

  나는 과거에 도산 선생을 위시하여 학덕이 높은 스승을 모실 수 있는 행운을 가졌었다. 그러나 같이 생활한 시간으로나 정으로나 춘원春園과 가장 인연이 깊다.

  춘원에 대하여는 정말인 것, 거짓말인 것, 충분히, 많이 너무 많이 글로 씌어지고 사람의 입에 오르내려 왔다. 구태여 내 무얼 쓰랴마는, 마침 쓸 기회가 주어졌고 또 짧게나마 쓰고 싶은 생각이 난 것이다.

  그는 나에게 워즈워스의 〈수선화〉로 시작하여 수많은 영시를 가르쳐주었고, 도연명의 〈귀거래사歸去來辭〉를 읽게 하였고, 나에게 인도주의 사상과 애국심도 불어넣었다.

  춘원은 마음이 착한 사람이다. 그는 남을 미워하지 못하는 사람이다. 남을 모략중상은 물론 하지 못하고, 남을 나쁘게 말하는 일이 없었다. 언제나 남의 좋은 점을 먼저 보며, 그는 남을 칭찬하는 기쁨을 즐기었다. 그를 비난하는 사람은 많았지만, 그가 비난하는 사람은 한 사람도 없었다. 그는 천성이 사람을 좋아하고 사람을 좋게 여기게 태어났다. 그래서 그는 거절해야 할 때 거절하지 못하고 냉정해야 할 때 냉정하지 못했다. 그는 남과 불화하고는 자기가 괴로워서 못 살았다.

그는 정직하였다. 그를 가리켜 위선자라 말한 사람도 있으나, 그에게는 허위가 없었다. 그는 어린아이같이 순진하였다. 누가 자기를 칭찬하면 대단히 좋아하였다. 소년 시대부터 그의 명성은 누구보다도 높았지만, 그는 교태가 없었다. 나는 삼 년 이상이나 한 집에 살면서도 거만하거나 텃세를 부리는 것을 본 일이 없다. 자기의 지식이나 재주를 자인하면서도 덕이 부족하다고 느끼며, 높은 인격에 비하면 재주라는 것은 대수롭지 않은 것이라고 하였다.

그는 평범하고 자연스러운 것을 좋아하였다. 그가 가장 사랑하는 자기 작품은 〈가실〉이었다. 그리고 그가 가장 좋아하는 주인공도 '가실'이었다. 그는 글을 수월하게 썼다. 구상하는 시간도 있었겠지만, 신문소설 일 회분 쓰는 데 한 시간 이상 걸리는 일이 드물었다. 써 내려간 원고를 고치는 일은 별로 없었다. 그의 원고는 누구의 것보다도 깨끗한 것일 것이다. 그리고 읽기에도 그 흐름이 순탄하다.

그의 일생은 병의 불연속선이었다. 그러나 그는 낡아빠지거나 시들지 않았다. 마음이 평화로워서 그랬을 것이다.

그는 싱싱하고 윤택하고 '오월의 잉어' 같았다. 그를 대하는 사람은 어느 나라 사람이나 어떤 계급의 사람이거나 늙은이나 젊은이나 다들 한없는 매력을 느꼈다. 그의 화제는 무궁무진하고 신선한 흥미가 있었다. 그와 같이 종교·철학·문학에 걸쳐 해박한 교양을 가진 분은 매우 드물 것이다. 그는 신부神父나 승려가 될 사람이었다. 동경 유학 시절에 길가의 관상장이가 그를 보고 출가出家할 상이나, 눈썹이 탁해서 속세에 산다고 하였다.

그는 욕심이 적은 사람이었다. 30 이후로는 중류 이상의 생활을 하였으나, 살림살이는 부인이 하였고 자기는 그때 돈으로 매일 약 2원의 용돈만 있으면 만족하였다. 한번은 내가 어떤 가을 석왕사釋王寺로 갔더니 춘원이 혼자 와 계셨다. 그때 그에게는 가진 돈이 십 전밖에는 없었다. 거리에 나왔다가 문득 오고 싶어서 왔다는 것이었다. 그는 산을 좋아하였다. 여생을 산에서 보내셨더라면 얼마나 좋았을까. 그는 아깝게도 크나큰 과오를 범하였었다. 1937년 감옥에서 세상을 떠났더라면 얼마나 다행한 일이었을까.

지금 와서 그런 말은 해서 무엇하리. 그의 인간미, 그의 문학적 업적만을 길이 찬양하기로 하자. 그가 나에게 준 많은 편지들을 나는 잃어버렸다.

지금 기억되는 대목 중에 하나는 '기쁜 일이 있으면 기뻐할 것이나, 기쁜 일이 있더라도 기뻐할 것이 없고, 슬픈 일

이 있더라도 슬퍼할 것이 없느니라. 항상 마음이 광풍제월光風霽月 같고 행운유수行雲流水와 같을지어다.'

로버트 프로스트 I

 당신은 내가 당신의 시를 읽고 짐작하고 있던 것같이 순박한 사람이었습니다. 오래 되어서 헐었으나, 아직도 튼튼하게 보이는 당신의 혁대는 당신이 허식이 없는 사람이라는 것을 말하였습니다. 거친 당신의 손은 농부의 손이었습니다. 당신은 이상스러운 이론을 갖지 않고 지성을 뽐내지도 않았습니다.
 다음과 같은 말을 오래 전에 하신 일이 있습니다.
 "내가 생각건대 나는 평범한 사람이오. 나는 나의 학교를 좋아하고 나는 나의 농장을 좋아하고 나는 나의 국민을 좋아하오. 그저 평범하오."
 그리고 시인은 정직하여야 된다는 굳은 신념을 가지고 있습니다.
 "나는 언제나 생각하기를 시인은 자기 멋대로 악한 생활을 할 수도 있다. 그렇다면 그의 시도 악하여야 될 것이다.

나는 성실치 않은 것을 싫어한다."

당신은 고루하지 아니하고 편벽되지 않고, 당신의 인간성에는 무리가 없습니다. 당신에게도 가끔 두 갈래 길이 놓여 있습니다.

"노란 숲 속에 길이 두 갈래로 났습니다."

또 "한때는 꽃잎을 사모도 했었으나 잎들이 내 마음에 더 짙게 사무친다."

"숲은 아름답고 어둡고 깊고, 그러나 나는 지켜야 할 약속이 있다."

"가는 것도 좋고 갔다가 돌아오는 것도 좋다."

한편으로 치우치지 아니하는 당신은 또 이런 말을 하셨습니다.

"철학자의 탈은 언제나 그들의 인생을 한 끝으로 규정지으려는 데 있다."

당신은 사실 하나하나를 그것대로 받아들일 수 있는 순탄한 마음을 가졌습니다. 〈하일라 부룩〉이라는 시에서 이런 말씀을 하셨습니다.

"우리는 존재 그대로를 사랑한다."

당신은 시인이기 전에 농부입니다.

〈풀베기〉, 〈사과 딴 뒤에〉, 〈머슴의 죽음〉, 〈목장〉 등 여러 시들은 농부인 당신이 아니면 못할 말들입니다.

당신의 시골은 돌이 많고 눈이 많이 내리는 미국 동북방 뉴잉글랜드의 농촌입니다. 그러므로 당신을 가리켜서 "뉴잉글랜드 시인"이라고 합니다. 당신의 시의 배경이 이 지역에 놓여 있기 때문만이 아니라, 당신의 시가 곧 이 지방의 사람들의 생활인 까닭입니다. 당신은 본질적으로 자연 시인입니다.

당신의 시 중에는 동양 묵화와 같은 경지를 가진 것들이 있고, 한시의 품격을 지닌 것들이 많습니다. "프로스트는 프로스트(frost, 서리)다"라고 말하는 사람이 있는 것과 같이 당신의 시는 화려하지 않고 그윽하며 어슴프레한 데가 있습니다. 그리고 당신의 목소리는 고요합니다. 그러나 그 속에는 유머와 위트와 예지가 무늬를 놓고 있습니다.

"시는 기쁨으로 시작하여 예지로 끝난다"고 당신은 말했습니다. 그 예지는 냉철하고 현명한 예지가 아니라, 인생의 슬픈 음악을 들어 온 인정 있고 이해성 있는 예지인 것입니다.

당신은 애인과 같이 인생을 사랑했습니다. 그러기에 인생이 길 없는 숲속과 같아서 거미줄이 얼굴에 엉키고 나뭇가지에 눈이 찔려 눈물이 날 때, 현실을 떠나가고 싶어하다가도 당신은 얼마 아니 있다가 현실로 다시 돌아오기를 바랍니다. 당신은 세상과 말다툼을 할 때가 있습니다. 그것은 사랑 싸움입니다. 당신의 시에서는 리얼리즘과 로맨티시즘이 대치되는 것 같으면서도 조화를 이루고 있습니다.

당신의 말은 시의 내용과 같이 소박하고 평이합니다. 이

십세기 다른 시인과 같이 병적病的으로 괴상하고 난해하지 아니합니다. 당신은 휘트먼 이래 미국의 가장 위대한 민주적인 시인입니다.

  당신의 시는 뉴잉글랜드 과수원에 사과가 열리고, 겨울이면 그 산과 들에 눈이 내리는 것과 같이 영원한 것입니다.

은전 한 닢

 예전 상해에서 본 일이다. 늙은 거지 하나가 전장(돈 바꾸는 집)에 가서 떨리는 손으로 일 원짜리 은전 한 닢을 내 놓으면서, "황송하지만 이 돈이 못 쓰는 것이나 아닌지 좀 보아 주십시오" 하고 그는 마치 선고를 기다리는 죄인과 같이 전장 사람의 입을 쳐다본다. 전장 주인은 거지를 물끄러미 내려다보다가 돈을 두들겨 보고 "하-오(좋소)"하고 내어 준다. 그는 "하-오"라는 말에 기쁜 얼굴로 돈을 받아서 가슴 깊이 집어 넣고 절을 몇 번이나 하며 간다.

 그는 뒤를 자꾸 돌아다 보며 얼마를 가더니, 또 다른 전장을 찾아 들어갔다. 품 속에 손을 넣고 한참을 꾸물거리다가 그 은전을 내어 놓으며, "이것이 정말 은으로 만든 돈이오니까?"
하고 묻는다.

 전장 주인도 호기심 있는 눈으로 바라다보더니,

"이 돈을 어디서 훔쳤어?"

거지는 떨리는 목소리로,

"아닙니다, 아니예요."

"그러면 길바닥에서 주웠다는 말이냐?"

"누가 그렇게 큰 돈을 빠뜨립니까? 떨어지면 소리는 안 나나요? 어서 도로 주십시오."

거지는 손을 내밀었다. 전장 사람은 웃으면서 "하—오"하고 던져 주었다.

그는 얼른 집어서 가슴에 품고 황망히 달아난다. 뒤를 흘끔 흘끔 돌아다보며 얼마를 허덕이며 달아나더니 별안간 우뚝 선다. 서서 그 은전이 빠지지나 않았나 만져보는 것이다. 거치른 손가락이 누더기 위로 그 돈을 쥘 때 그는 다시 웃는다. 그리고 또 얼마를 걸어가다가 어떤 골목 으슥한 곳으로 찾아 들어가더니, 벽돌 담 밑에 쭈그리고 앉아서 돈을 손바닥에 놓고 들여다보고 있었다. 그는 얼마나 열중해 있었는지 내가 가까이 간 줄도 모르는 모양이었다.

"누가 그렇게 많이 도와 줍디까?" 하고 나는 물었다. 그는 내 말소리에 움칠하면서 손을 가슴에 숨겼다. 그리고는 떨리는 다리로 일어서서 달아나려고 했다.

"염려 마십시오. 뺏어가지 않소" 하고 나는 그를 안심시키려 하였다. 한참 머뭇거리다가 그는 나를 쳐다보고 이야기를 하였다.

"이것은 훔친 것이 아닙니다. 길에서 얻은 것도 아닙니다. 누가 저 같은 놈에게 일 원짜리를 줍니까? 각전角錢 한 닢을 받아 본 적이 없습니다. 동전 한 닢 주시는 분도 백에 한 분이 쉽지 않습니다. 나는 한 푼 한 푼 얻은 돈으로 몇 닢씩을 모았습니다. 이렇게 모은 돈 마흔여덟 닢을 각전 닢과 바꾸었습니다. 이러기를 여섯 번을 하여 겨우 이 귀한 '대양大洋' 한 푼을 가지게 되었습니다. 이 돈을 얻느라고 여섯 달이 더 걸렸습니다."

그의 뺨에는 눈물이 흘렀다. 나는 "왜 그렇게까지 애를 써서 그 돈을 만들었단 말이오? 그 돈으로 무엇을 하려오?" 하고 물었다.

그는 다시 머뭇거리다가 대답했다.

"이 돈 한 개가 가지고 싶었습니다."

유머의 기능

 유머는 위트와는 달리 날카롭지 않으며 풍자처럼 잔인하지 않다. 비평적이 아니고 동정적이다. 불꽃을 튀기지도 않고 가시가 들어 있지도 않다.

 유머는 따스한 웃음을 웃게 한다. 유머는 웃음거리나 익살은 아니며 야비하지 않다. 유머에 악취미란 있을 수 없다. 위트는 남을 보고 웃지만 유머는 남과 같이 웃는다. 서로 같이 웃을 때 우리는 친근감을 갖게 된다. 유머는 다정하고 온화하며 지친 마음에 위안을 준다. 유머는 가엾은 인간의 행동을 눈물 어린 눈으로 바라볼 때 얻어지는 것이다. 그러므로 유머에는 애수哀愁가 깃드는 때도 있다.

 긴장, 초조, 냉혹, 잔인. 현대인은 불행하다. 메커니즘이 발달한 국가에서는 정신병원이 날로 늘어 가고 있다. 현대 문학은 어둡고 병적인 면을 강조하여 묘사한 것이 너무 많다. 유머 풍부한 작품들이 우리에게 웃음을 주는 동시에 '센스 오브 유머'를 터득하게 한다면 좀더 밝은 생활을 기대할 수 있을 것이다. 유머는 인간에게 주어진 큰 혜택의 하나다.

 해설

피천득의 수필세계

차주환 | 중국 문학자 · 전 서울대 교수

지금부터 20년 전, 그의 50대 초에 피천득皮千得 씨는 《산호珊瑚와 진주眞珠》라는 표제로 시문선집詩文選集을 간행하였다. 그 후 수필에 대한 요구에 부응하기 위해 피천득 씨는 수필 부분만을 독립시켜서 《금아문선琴兒文選》을 냈다.

최근에 한가한 시간이 생겨 그의 수필을 통독하였다. 다른 일에 몰리지 않는 상황에서 느긋한 마음으로 읽었으므로 피천득 씨의 〈수필〉에 대한 이해가 좀더 깊어진 듯하다. "수필은 청자靑瓷 연적이다"로 시작된 수필에서 그는 자신의 수필관을 퍽 요령 있게 제시하였다. 그는 자신의 수필관을 피력하는 데 있어 학술적인 정의 제시 방법이나 체계적이고 논리적인 이론 전개 방식을 쓰지 않고 여러 가지 비유를 곁들인 그야말로 '그저 수필가가 쓴 단순한 글'의 하나로 적어 내는 수법을 사용하였다. 그러면서도 수필에 관한 이야기는 간결하나마 다각도로 시도되어 있다.

그가 단정적으로 내세운 수필의 성격은 청자 연적, 난, 학, 청초하고 몸맵시 날렵한 여인 등 사물에의 비유 이외에, "수필은 마음의 산책이다", "수필은 독백이다"고 한 것이 있다. 마음의 산책이 가능하기 위해서는 무엇보다도 마음의 여유가 필요함을 말했다. 그 필요의 한계는 인생의 향취와 여운이 숨어 있는 경지를 실어내는 단계까지 올라가는 것으로 말하고 있다. 독백이라는 단정에서 그는 '글 쓰는 사람을 가장 솔직히 나타내는 문학형식'으로 수필을 규정짓기에 이른다. 수필의 색깔과 재료에 관해서도 온아우미溫雅優美와 방향芳香을 강조하기를 잊지 않았지만, 또 그 나름의 정리를 시도하였다. "수필은 한가하면서도 나태하지 아니하고, 속박을 벗어나고서도 산만하지 않으며, 찬란하지 않고 우아하며, 날카롭지 않으나 산뜻한 문학이다." 우리 주변에는 아직도 "수필은 문학이다"라고 자신 있게 말하고 나서지 못하는 논자들이 꽤 남아 있다.

피천득 씨는 수필이 문학임을 단정하면서 그것이 문학으로 성립되기 위한 조건을 열거하였다. 사실 그가 제시한 조건을 충족시키는 진정한 의미의 수필을 써내기란 용이한 일이 아니다. 그 점은 역시 다른 문학 형식의 경우와 다를 바가 없다. 피천득 씨는 수필을 쓰기 시작한 지는 퍽 오래되었고 발표한 수필도 적지 않다. 그러나 그는 자신의 수필관에 비추어 손색이 없다고 여겨진 수필 작품만을 추려서 이 수필집을 엮어낸 것이다. 피천득 씨의 수필집 편찬 태도는 세심하고 겸허한 것으로 받아들여지기도 하지마는, 한편 또 어느 정도 고고함을 느낄 정도로 자신만만한 면이 나타나 있기도 하다.

피천득 씨의 경력으로 보아, 그는 문학 가치가 높은 수필 작품을 내놓을 수 있는 충분한 수련을 쌓았음을 알게 된다. 한국의 전통적인 문학에 대한 이해를 바탕으로 하여 일본과 중국의 문화와 생활을 경험적으로 터득하였고, 구미 각국의 예술과 문학에 침잠하여 그 정수를 파악한 처지에서 영미문학을 전공한 학자의 생애를 영위하였으니, 그가 써낸 수필이 고도의 문학 가치를 드러낼 소지가 마련되었으리라는 것은 상식적으로도 짐작이 갈 만한 일이다. 그러나 한편 피천득 씨와 비슷한 경력과 수련을 쌓거나 혹은 그 이상의 농도 짙은 배경을 가진 인물의 경우라 하더라도 반드시 좋은 수필을 생산해내지 못하는 사례가 얼마든지 있다는 점을 생각할 때 우리는 피천득 씨가 자신만만하게 수필집을 세상에 내놓은 데는 그 나름의 독특한 소질을 갖추고 있는 것이 아닌가 하는 호기심이 우러난다.

그는 《산호와 진주》에 54편의 시를 수록하였다. 대체로 구두어에 가까운 산문에 약간의 상상과 절주(리듬)를 고려한 작품들이고, 〈어린 벗에게〉 같은 것은 산문시다. 이렇듯 그가 내놓은 시들은 산문성이 뚜렷한 특색이 있다.

30대 후반과 40대 초에 지은 것들로 여겨지는데 그가 시작을 계속하지 않은 이유는, 직접 알아보지 않아서 못박아 말할 수는 없으나, 자기 인생과 문학이 시라는 문학형식으로 결실되기에는 걸맞지 않음을 느껴서였으리라 추측된다. 그의 시는, 동시와 소년시와 성인시의 갈피를 뚜렷이 가려잡기 힘든 단계에 놓여 있어 성숙한 지성인의 서정이 서술성과 이지理智를 토대로 하여 펼쳐지기에는 적합하지 않음을 감지한 데 기인하지 않았나 싶어진다. 물론 이러한 추측이 피천득 씨의 시를 낮게 평가함을 의미하지는 않는다. 시와 수필 양쪽을 다 쓸 수 있었다는 데 의의가 있다.

그는 수필에서 더욱 우월한 성과를 거두기는 하였으나, 시와 수필을 같은 문학적 수평에서 혈맥이 통하게 써냈으므로 시인과 수필가가 서로 겸하는 데서 얻어지는 특이한 경지를 개척하는 소임을 실천하였다고 하겠다. 이 점은 동양사회에서 종래 시문을 통합한 문학관이 계승되어 온 전통을 새로운 의미에서 구현시킨 사례로 받아들여도 무방할 것이다.

구미 문학의 경우라 하더라도 시인이 산문을 쓰고 산문가가 시를 쓴 예는 적지 않다. 다만 구래 동양에서 지식인이 시와 문장을 합쳐서 생각하고 문필생활을 전개했던 일과는 같은 차원에서 받아들여지기 어려운 일면이 있음은 부인할 수 없기는 하다. 영문학을 전공한 피천득 씨는 그의 수필관에서나 수필 작품에서나 다 찰스 램을 중심으로 한 영국 수필의 성격을 농후하게 드러내고 있으면서도, 이를테면 수필을 청자 연적에 비유하는 태도에서 알아볼 수 있듯이 동양적 내지는 한국적 문장관을 생리화한 경지에까지 소화시키고 있다. 그가 말한 바와 같이 '수필은…… 서른여섯 살 중년 고개를 넘어선 사람의 글'이어서 그는 중년 고개를 넘어서서부터 정력을 기울여 수필을 써냈다고 하겠다.

일반적으로 피천득 씨의 수필을 이야기할 때는 으레 그의 과작寡作을 지적한다. 그의 과작에 대한 비평은, 그가 지나치게 글을 다듬고 여간해서는 글을 세상에 내놓지 않기 때문에 자연 과작의 아쉬움을 남기게 된다는 데로 기울어진다. 그가 수필을 발표하기 시작한 정확한 시기는 알 수 없으나, 글의 내용이나 필치로 보아 늦어도 1950년대 초부터는 발표하였던 것 같다.

30여 년을 헤아리는 동안 우리에게 100편에 미달하는 수필만을 보여주었다는 것은, 그의 수필이 문학적 특색이 두드러지기 때문에, 아쉬운 감을 자아내기 쉽다. 그렇기는 하지만 《금아문선》에 수록된 77편의 수필에는 피천득 씨의 인간과 경력이 농축되어 있고, 인생과 예술이 향취와 여운을 함축하고 극명하게 드러나 있어, 언제 읽어도 그리고 몇 번을 되풀이해서 읽어도 미소를 자아내는 친근감을 갖게 해준다. 그의 수필집은 마치 수천 편 또는 수만 편 가운데 정품精品만을 엄선한 것 같다. 사실 일생 동안에 읽을 만한 수필을

10여 편만이라도 남길 수 있다면, 그것만으로도 이미 대견하다.

피천득 씨는 〈찰스 램〉이라는 수필을 써서 램의 인간과 문학을 간결하면서도 생동하게 요약해내어 자신의 램 수필에 대한 애호를 천명하였다. 램의 수필을 읽어보면, 특히 여성 독자를 즐겁게 해주고 싶은 자의식이 작용해서가 아니었나 생각되지만, 좀 수다스러울 정도로 요설적饒舌的이어서 경박하고 치졸稚拙하게 여겨지는 구석이 없지 않다. 피천득 씨의 수필은 램과 방불한 점이 없지 않지마는 짜임새나 언어의 절제를 통해 램의 약점을 극복하였고, 풍부한 학식과 다양한 견문이 뒷받침된 깊은 지성이 그가 사용한 말들에 각기 적의한 무게를 안배하여 둔탁鈍濁함과 경박함을 다 모면하게 만들었다.

한편 피천득 씨는 인간성이나 기호嗜好에 있어서도 램과 유사한 점이 많다고 생각했던 것 같다. 특히 램이 '여자를 존중히 여겼다'고 우리에게 알려준 바 있지만, 피천득 씨는 램을 능가하는 여성 예찬론자임을 그의 수필을 통해 뚜렷하게 나타냈다. 그는 우리 남성 수필가들 중에서는 찾아보기 어려운 여성 예찬자이기도 하다.

우선 그의 수필집 헌사獻詞부터 '엄마께'로 시작되어 있다. 피천득 씨는 부친에 관해서는 극히 짤막하게 언급하는 데 그치고, 모친에 대해서는 인품과 애정에 대해 여러 차례 회상을 되풀이하였다. "엄마가 나의 엄마였다는 것은 내가 타고난 영광이었다. 엄마는 우아하고 청초한 여성이었다. ……여름이면 모시, 겨울이면 옥양목, 그의 생활은 모시같이 섬세하고 깔끔하고 옥양목같이 깨끗하고 차가웠다. 황진이처럼 멋있던 그는 죽은 남편을 위하여 기도와 고행으로 살아가려고 했다."(〈엄마〉) "엄마 손가락에 비취가 끼워지면 여름이 오고, 엄마 모시 치마가 바람에 치기 전에 여름은 갔다."(〈모시〉) 피천득 씨는 수필을 통해 자기 모친을 한 뛰어난 모성으로 서술해냈을 뿐 아니라, 자기 이상에 극히 접근한 언제나 젊고 아름다운 한 여성의 표본으로 부각시키기까지 하였다. 그의 모친을 시종 '엄마'로 호칭한 것은 30대에 세상을 떠난 모친에 대한 유년 시절의 일을 회상하면서 그러한 시절의 한계에서 자신을 연결시켜 써내려는 의도가 작용한 것이 아닌가 여겨진다. 이러한 모친을 사모하는 피천득 씨의 심리는 순화되는 상황으로 온존溫存되면서, 〈금반지〉에서 내조內助의 공이 큰 바를 고백하기는 하였으나, 부인에의 애정은 오히려 묵과默過하는 듯이 비켜놓고, 그의 영애令愛 서영에게로 전이하여 연소 상태燃燒狀態에 가까운 경지로 돌입한다. 심리학 내지는 정신분석학의 관점에서 고찰한다면 피천득 씨의 모친과 딸에의 경도傾倒에 대해 반드시 어떠한 연관이 지어져서 설명될 것이 아니겠는가 하고 여겨지기까지 한다. 그는 우리에게 솔직하게 일러준다. "내 일생에는 두 여성이 있다. 하나는 나의 엄마고 하나는 서영이다. 서영이는 나의 엄마가 하느님께 부탁하여 내게 보내주신 귀한 선물이다. 서영이는 나의 딸이요, 나와 뜻이 맞는 친구다. 또 내가 가장 존경하는 여성이다. …… 나는 모든 시간을 서영이와 이야기하느라고 보냈다. 아마 내가 책과 같이 지낸 시간보다도 서영이와 같이 지낸 시간이 더 길었을 것이다. 그리고 이 시간은 내가 산 참된 시간이요 아름다운 시간이었음은 물론, 내 생애에 가장 행복된 부분이다."(《서영이》) 그의 수필 중에서 서영이는 가장 크고 뚜렷하게 내세워져 있다. 철부지 때 품었던 강렬한 모친에의 애정과 흠모로 가득 찬 상념이 자신의 성장과 함께 더욱 미화美化되었다가, 서영이의 탄생과 더불어 현실적으로 구상화되어서 보여지는 것으로 받아들여졌던 게 아니었겠나 하는 생각이 든다.

그렇기는 하나 피천득 씨의 여성 예찬은 거기에서 끝나지 않는다. 물론 여성 예찬이라 하여도 마치 여성에 굶주린 사나이의 경우같이 모든 여성이 더 이상 손댈 수 없는 예술품으로 분별없는 예찬을 일삼지는 않는다. 사실상 그의 예찬을 받기에 합당한 여성이 되기는 쉽지 않다. 그는 우선 여성의 미가 인치나 파운드로 규정되어서는 안 됨을 말하면서 "젊은 얼굴보다 더 아름다운 것이 어디 또 있겠는가"(《여성의 미》)라고 하여 젊음을 여성미의 첫째 조건으로 들고 있다. 그리고 그는 젊음에서 솟아나는 여러 가지 여성미의 구성 요소를 나열하여 보이기까지 하였다. "여성의 미는 생생한 생명력에서 온다. 맑고 시원한 눈, 낭랑한 음성, 처녀다운 또는 처녀 같은 가벼운 걸음걸이, 민활한 일솜씨, 생에 대한 희망과 환희, 건강한 여인이 발산하는 특히 젊은 여인이 풍기는 싱싱한 맛, 애정을 가지고 있는 얼굴에 나타나는 윤기, 분석할 수 없는 생의 약동, 이런 것들이 여성의 미를 구성한다."(《여성의 미》)

피천득 씨의 수필 이야기가 나오면 으레 〈인연〉이 화제에 오르는데, 짜임새 있는 구성이나 서술의 차분함 그리고 노출되지 않은 해학이 곁들여져 있는 고백조 같은 것이 지적되고는 한다. 〈인연〉은 그가 17세 때 동경에서 처음 만난 소학교 1학년의 어린 여자 아이였던 미우라 아사코[三浦朝子]와 세 차례 만나고 헤어진 20여 년에 걸친 인연을 축약시킨 작품이다. 아사코를 세 차례나 찾아갔으니 피천득 씨의 예찬 대상이 되었던 것이다. 첫번 헤어질 때 아사코는 피천득 씨의 목을 안고 뺨에 입을 맞춰주었고, 두번째는 아사코가 청순하고 세련된 영문과 3학년의 여대생이었을 때 밤늦게까지 문학 이야기를 하다가 가벼운 악수를 하고 헤어졌고, 세번째는 그녀가 미 진주군의 일본인 2세[二世]와 사는 집에 찾아갔다가 두 사람은 절을 몇 번씩 하고 악수도 없이 헤어졌다. 피천득 씨는 세번째의 방문을 후회하였다. 아사코는 두번째까지의 만남까지는 피천득 씨의 여성 예찬의 대상이 되기에 충분하였던 것이다.

그는 도처에 여인들이 있어 이별과 추억을 되풀이할 수 있었다. 그가 상해에서 대학에 다닐 때 입원 중에 깨끗하게 생긴 간호부와 만났는데 '유순이'라는 황해도 처녀였다. 유순이 역시 피천득 씨의 예찬 대상이었고, 전란 중에 위험을 무릅쓰고 그녀를 찾아가 같이 떠나기를 청했으나 "갈 수는 없습니다"라고 하는 그녀의 맑은 눈을 바라다보고 헤어졌다. 춘원(春園, 이광수)에게 《흙》의 여주인공 이름을 피천득 씨는 유순이라고 지어주었다. 상해 수학 시절의 놀기 잘하고 웃기를 좋아하던 많은 여자 동창들을, 대학생이 된 서영이를 바라보며 회상하는 것도 빼놓지 않았다(《서영이 대학에 가다》). 그는 파리에 보낸 언제나 새로운 신록 같은 모습의 여성도 있고(《파리에 부친 편지》), 하버드 대학 현대시 세미나에 나오는 "크고 맑은 눈, 끝이 약간 들린 듯한 코, 엷은 입술, 굽이치는 갈색 머리, 그의 용모는 아름다웠다"는 여학생도 있다. "어느 날 밤 도서관 층계에서 그와 내가 마주쳤다. 그는 나를 보고 웃었다. 그 미소는 나의 마음의 고요한 호수에 작은 파문을 일으키고 음향과 같이 사라졌다." 이렇게 피천득 씨는 그녀를 기억하고 있다.

이러한 여성들이 있는 것을 피천득 씨는 서슴없이 우리에게 알려주면서 그는 자기가 이상으로 하는 여인상을 피력하기도 하였다. 그 여인은 미술을 업으로 하면서 쉬는 시간에는 책을 읽고 음악을 듣고, 오래오래 산책을 한다. 앞뒤로 그녀의 행동거지와 품성을 줄기차게 나열하였는데, 거의 성녀聖女에 가까운 존재로 받아들여질 정도로 덕성과 품위와 지혜가 갖추어져 있다. 피천득 씨는 여성 예찬자이면서도 여성을 보는 눈이 말하자면 까다로운 것이다.

피천득 씨는 수필에서 의외로 사람을 많이 다루고 있다. 그의 사람에 대한 태도는 〈찰스 램〉 서두에 분명하게 밝혀져 있다. "나는 위대한 인물에게서 매력을 느끼지 못한다. 나와의 유사성이 너무나 없기 때문인가 보다. 나는 그저 평범하되 정서가 섬세한 사람을 좋아한다. 동정同情을 주는 데 인색하지 않고, 작은 인연을 소중히 여기는 사람, 곧잘 수줍어하고 겁 많은 사람, 순진한 사람, 아련한 애수와 미소 같은 유머를 지닌 그런 사람에게 매력을 느낀다."

상해로 유학을 간 동기의 하나가 도산(島山, 安昌浩)을 만나볼 수 있으리라는 기대였다고 그는 자술하고 있다. 그러나 그가 도산을 숭앙하는 것은 도산이 위풍당당한 위대한 혁명가였다기보다는 인간으로서 높은 존재였기 때문임을 술회하였다. "그는 숭고하다기에는 너무나 친근감을 주고, 근엄하기에는 너무 인자하였다. 그의 인격은 위엄으로 나를 억압하지 아니하고 정성으로 나를 품안에 안아버렸다. 연단에 서신 우아한 그의 풍채, 우렁차면서 날카롭지 않고 청아하면서 부드러운 그 음성, 거기에 자연스러운 몸가짐, 선생은 타고난 웅변가이었다."(〈도산〉) 그가 일개 학생의 신분으로 병이 나서 누웠을 때 도산이 그를 실어다 상해요양원에 입원시키고, 겨울 아침 일찍이 문병을 오고는 했던 자상한 인간 도산을 늘 기억하면서 "선생의 제자답지 못한 저, 그래도 선생을 사모합니다. 선생은 민족적 지도자이시기 이전에 평범하고 진실한 어른이셨습니다"라고 도산의 영전에 고백하였다.

피천득 씨는 3년 이상이나 한 집에 살았을 정도로 춘원春園과의 인간관계가 깊었는데 역시 춘원의 평범하고 자연스러운 것을 좋아하고 마음이 착하고 정직하고 교태가 없는 인간성을 절실하게 이해하면서 춘원이 신부나 승려가 될 사람이었다고 회고하였다. 그러면서 "그는 산을 좋아하였다. 여생을 산에서 보내셨더라면 얼마나 좋았을까. 그는 아깝게도 한때 과오를 범하였었다. 지금 와서 그런 말을 해서 무엇하리. 그의 인간미, 그의 문학적 업적만이 길이 찬양하기로 하자"는 말로 춘원을 추도하였다.

이렇듯 가르침을 받은 스승뻘의 인물들에서뿐 아니라, 청교清交를 가진 친지들에 대해서도 언제나 그들의 인간미를 높이 사고 있다. 한때 미군정청 적산관리처의 중요성 자리에 취직하고도 계속 가난하게 살다가 영어 선생으로 살아온 친구의 진실된 인간성을 피천득 씨는 감탄과 감격을 억누르고 표출시켰다(〈보기에 따라서는〉). 그의 소년 시대 이래의 친구였던 치옹(痴翁, 윤오영)에 대해서도 서리같이 찬 이성理性이 정情에 융해되면서 살아 온 인간미를 느끼면서 치옹이 간직한 인간의 깊이를 통찰하는 데로 이해의 폭을 넓혀갔다. "굶지 않고 차라도 마실 수 있는 가난이면 그것으로 충분하였다. 단칸방이라도 겨울에 춥지만 않으면 되고, 방 안에 있는 '센티멘탈적 가치' 외에는 아무것도 아닌 그런 물건들을 사랑하며 그는 살아왔다. 그는 단칸방 안에 한 우주를 갖고 있다. 그는 불운을 원망하는 일이 없고 인정미에 감사하며 늘 행복에 겨웁다고 한다." "자존심이 강한 그는 자기를 치졸하다고도 하고, 비겁하다고도 한다. 그것은 위선도 아니요 허위도 아니다." 치옹의 수필을 이해하는 데도 남다른 의견을 가졌다. "그 글에는 작은 사물에 대한 깊이 있는 음미吟味가 있고 종종 현실을 암시하는 경구警句도 있다. 감격적이고 때로는 감상적이 되기도 한다. 그러나 그는 자제할 줄 안다."(〈치옹〉). 〈어느 학자의 초상肖像〉으로 추모한 친구[張翼鳳]는 칠순이 넘도록 독신으로 살다가 간 세속적인 의미에서 괴벽한 존재였고, 학자로서도 능력에 비해 극히 비생산적이기도 하였으나, 피천득 씨는 그 친구의 섬세한 정서와 높은 안목을 가진 학자로 일생을 책과 같이 순결하게 살 수 있었던 인간성에 대해 큰 감회를 돌리고 있다. "그는 적은 생활비 외에는 돈에 욕심이 없었고 지위욕은 물론 명예욕도 없었다. 불의와 부정과는 조금도 타협하지 못하였다." 피천득 씨가 그려낸 그 학자 친구의 마음의 초상이다. 상해의 한 대학에서 수학한 연상의 친구였던 주여심朱餘心에 대한 술회述懷도, 귀국하여 같이 지냈던 일까지 곁들여 인품과 인정미를 되새기는 방향으로 엮어져 있다. 그는 물론 소년 시절에 자기에게 다정하게 대해주고 좋은 방향으로 이끌어준 외삼촌과 할아버지를 감회 깊게 회상하기도 하였다. 찰스 램 이외에도 그가 책을 통해 알게 된 셰익스피어, 도연명, 로버트 프로스트, 아인슈타인 등에 대해서 역시 그들의 아름답고 고매한 인간성에 마음이 끌리는 면을 주로 하여, 그들의 진가를 모색하려고 하였다.

찰스 램을 다룬 글에서 피천득 씨는 《엘리아 수필》은 다름 아닌 "자기 학교, 자기 회사, 극장, 배우들, 거지들, 뒷골목 술집, 책사冊肆, 이런 것들의 작은 얘기를 끝없는 로맨스로 엮은 것"임을 지적하였다. 그 자신도 실제로 작은 얘기에 대한 애호를 여러 차례 말하고 있다. 우선 〈나의 사랑하는 생활〉에 열거된 그가 좋아하는 일들을 보면 그야말로 다 작은 얘기로 시종하고 있다. 그러한 작은 일들이 조화를 이루며 종합되면 더 커질 수 없는 아름답고 풍만한 인생으로 떠오를 것으로 여겨지기도 한다.

그가 수필에서 다룬 제재는 인생을 멋있게 살기를 원하고 또 비교적 멋있게 살아왔다고 할 수 있는 한 학자의 생활과 관련되는 것들이 대부분이지만 보기에 따라서는 대개가 작은 얘기들이고 작은 인연들이다. 우리가 하찮게 지나쳐버리기 쉬운 그러면서도 진실된 아름다움과 가치를 간직하고 있는 그야말로 작은 일들을 피천득 씨는 용케도 "독특한 개성과 그때의 무드에 따라"(〈수필〉) 우리 앞에 써 내어놓았다. 그는 치옹 윤오영의 수필에 "금강석같이 빛나는 대목들이 헤아릴 수 없을 만큼 많다"고 하며 몇 가지 실례를 들어 보였지만, 그 자신의 수필에도 그러한 대목이 치옹과는 개성을 달리하면서 엮어 넣어져 있다. "이른 아침 정동 거리에는 뺨이 붉은 어린 아이들과 하얀 칼라를 한 여학생들로 가득 찬다. 그들은 사람이 귀중하다는 것을 배우러 간다."(〈신춘〉) "겨울이 되어 외투를 입는다는 것은 기쁜 일이다. 봄이 되어 외투를 벗는다는 것은 더 기쁜 일이다."(〈조춘〉) "해방 전 감옥에는 많은 애국자들이 갇혀 있었다. 그러나 철창도 콘크리트 벽도 어떠한 고문도 자유의 화신인 그들을 타락시키지는 못했다."(〈종달새〉) "봄이 사십이 넘은 사람에게도 온다는 것은 참으로 다행한 일이다."(〈봄〉) "신록을 바라다보면 내가 살아 있다는 것이 참으로 즐겁다. 내 나이를 세어 무엇 하리. 나는 지금 오월 속에 있다."(〈오월〉) "맛은 몸소 체험을 해야 하지만 멋은 바라다보기만 해도 된다. 맛에 지치기 쉬운 나는 멋을 위하여 살아간다."(〈맛과 멋〉) "전화가 있음으로써 내 집과 친구들 집이 연결되어 있다는 것을 생각하면 자못 든든할 때가 있다. 전선이 아니라도 정의 흐름은 언제 어느 데서고 닿을 수 있지마는."(〈전화〉) "과거를 역력하게 회상할 수 있는 사람은 참으로 장수를 하는 사람이며, 그 생활이 아름답고 화려하였다면 그는 비록 가난하더라도 유복한 사람이다."(〈장수〉) "잠은 괴로운 인생에게 보내온 아름다운 선물이다. 죽음이 긴 잠이라면 그것은 영원한 축복일 것이다."(〈잠〉) "문학은 금싸라기를 고르듯이 선택된 생활 경험의 표현이다.", "나는 작은 놀라움, 작은 웃음, 작은 기쁨을 위하여 글을 읽는다."(〈순례〉) "사람은 본시 연한 정으로 만들어졌다. 여린 연민의 정은 냉혹한 풍자보다 귀하다." (〈여린 마음〉) "지금 생각해보면 인생은 사십부터도 아니요, 사십까지도 아니다. 어느 나이고 다 살 만하다."(〈송년〉)

이렇게 늘어놓기로 요량하면 피천득 씨의 수필을 다 베껴야 끝날 것 같다. 그가 치옹의 말처럼 "금강석같이 빛나는 대목"이라는 말을 썼지만, 그의 수필을 전체적으로 빛나는 금강석에 비겨보아도 괜찮을 것 같다. 다이아몬드는 테불이 어떠니 패세트가 어떠니 하고 그 깎음새를 따지기도 하지만 중요한 것은 그 흠이다. 어느 다이아몬드 치고 흠 없는 것이 없지만 그 흠을 어떻게 처리해서 좋은 깎음새와 함께 찬란함을 줄이지 않고 같이 빛나게 되느냐에 따라 가치가 평가된다고 한다.

피천득 씨의 수필은 무섭게 파고들어 따져볼 경우에는 결코 완전무결하도록 흠이 없지는 않을 것이다. 그러나 그의 수필에서 별로 흠을 느끼지 않게 되는 것은 정수精粹를 써내는 데 전력하고 내온內蘊을 드러내는 데 몰입하기 때문에, 극소 부분이기는 하겠지만, 외부적인 조잡한 이른바 흠은 잊어버리게 하기 때문일 것이라 여겨진다.

피천득 씨의 수필에 나타난 한 가지 사항을 부대적으로 적어두기로 한다. 그는 수필 어디에서도 자신의 신앙을 고백하지는 않았다. 그러나 그의 수필을 통독하면 그 나름으로 정리한 확고한 신앙이 있음을 감지하게 된다. 그는 영문학도이므로《성경》을 읽을 기회가 있었으리라는 것은 상식적으로 짐작이 간다. 그는 신·구약에 걸쳐《성경》을 숙독하고 깊이 음미하여 어느 점에서는 전문가를 놀라게 할 만큼이나 절실한 이해를 가지기까지 하였다. 성경에서 아름다운 데를 신약과 구약에서 각각 한 군데씩 그는 지적하고 있다. "하나는 이역異域 옥수수밭에서 향수의 눈물을 흘리는 루스의 이야기요, 또 하나는 〈누가복음〉 7장, 한 탕녀가 예수의 발 위에 흘린 눈물을 자기의 머리카락으로 씻고, 거기에 향유를 바르는 장면이다."(〈눈물〉) 피천득 씨가 이해한 아인슈타인의 신은 스피노자가 믿는 신이었다. "그의 신은 개인의 행동이나 운명을 다루는 신이 아니요, 우주의 모든 것이 법칙 있는 조화를 이루게 하는 신이다."(〈아인슈타인〉) 피천득 씨도 스피노자와 아인슈타인에 연결되는 그러한 신을 깊이 신봉하고 있는 듯이 느껴진다. 그는 〈마태복음〉 6장에 있는 〈주의 기도〉를 말로 드리는 으뜸가는 기도로 보고 특히 인간미를 느끼게 하는 점을 지적하였다. 그는 기도의 깊은 의미를 터득하고 있는 것 같다. "무릎을 꿇고 고요히 앉아 있는 것도 기도입니다. 말로 표현을 하든 아니든 간절한 소망이 있으면 그것이 기도입니다."(〈기도〉) 그리고 그는 창녀의 기도까지도 들어줄 수 있는 성모 마리아를 구원의 여상으로 받들 수가 있었고 폐쇄 수도원에서 관상 생활로 일생을 바치는 카르멜파의 수녀들의 생활에 대해서도 그 의미를 읽을 수 있었다.

피천득 씨는 예수의 인간미를 터득하면서 복음서에 나오는 예수의 말을 인용하기를 주저하지 않는다. "예수께서 이르시되, 여우도 굴이 있고, 공중의 새도 거처가 있으되, 오직 인자는 머리를 둘 곳이 없다 하시더라." 주님의 말씀과 같이 달팽이도 제 집이 있고, 누에도 제 집을 만들어 드는데, 나에게는 내 집이 없었던 때가 있었다."(〈이사〉) 그는 "하느님께서는 아담과 이브를 만드시었다. 그러나 두 사람의 후손이 삼십억이 되리라고는 꿈에도 생각하지 못하셨을 것이다"라고 전제하고 지금은 "하나하나를 돌보아주실 수 없게" 되었음을 말하고, "하나하나를 끔찍이 생각하고 거두어주시기에는 우리의 수가 너무 많다"고 맺었다(〈너무 많다〉).

이러한 생각을 가진 피천득 씨는 그래도 우주의 모든 것이 법칙 있는 조화를 이루게 하는 신에 대한 외경심을 품고 죽음을 잠과 연결시켜 축복으로 받아들이는 안심입명安心立命의 경지에 접근하고 있는 듯하다.

떠남과 보냄의 미학
– 피천득 선생의 수필에 대하여

정진권 | 수필가 · 한국체육대학 교수

Ⅰ. 서론

우리는 만날 때에 떠날 것을 염려하는 것과 같이, 떠날 때에 다시 만날 것을 믿습니다.
아아 님은 갔지마는 나는 님을 보내지 아니하였읍니다.
―한용운 〈님의 침묵〉

금아 피천득 선생의 수필집[1]을 읽어본 사람이라면, 거기서 만난 '엄마', '유순이', '아사코', '서영이' 같은 여성들을 기억할 것이다. 그리고 그들은 어떤 의미에서든 '나'[2]에게 소중한 존재들이지만, 그러나 하나하나 모두 다 '나'를 떠난다는 사실도 함께 기억할 것이다.

---
[1] 여기서는 《금아문선琴兒文選》(일조각, 1980)을 텍스트로 삼았다. 인용에 있어서 한자 쓰기와 문단 나누기는 필자의 편의에 따랐다.
[2] '나'는 물론 금아琴兒 선생 자신이겠지만, 글 속의 한 인물로 보고 '나'로 표시한다.

이 글은 그들의 떠남의 모습, 그리고 '나'의 보냄의 모습을 살펴보려는 데 목적이 있다. 필자는 물론 금아의 수필 세계를 조명한 정교한 논문들[3]이 있다는 사실을 잘 알고 있지만, 자신의 이 글 또한 금아의 수필을 이해하는 데 한 작은 도움이나마 되었으면 하는 기대를 가지고 있다.

II. 본론

1. '떠남'과 '보냄'의 모습

(1) 엄마

'나'의 '엄마' 이야기가 본격적으로 나타난 글은 〈엄마〉와 〈그 날〉 두 편이고 이 밖의 다른 글에 약간 언급된 곳이 있다. '엄마'는 일찍이 남편을 여의고 혼자 어린 '나'를 기르는 청상이다. 우선 '나'의 눈에 비친 그녀의 모습을 보이면 다음과 같다.

> 엄마는 우아하고 청초한 여성이었다. 그는 서화에 능하고 거문고는 도에 가까웠다고 한다. 내 기억으로는 그는 나에게나 남

---

[3] 김우창, 〈피천득론〉, 피천득, 《수필》(범우사, 1976) 소재.
원형갑, 〈피천득의 수필정신〉, 《수필문학의 모색》(관동출판사, 1976) 소재.
차주환, 〈피천득의 수필세계〉, 《수필공원》(통권 2호, 1983) 등 참조.

에게나 거짓말한 적이 없고, 거만하거나 비겁하거나 몰인정한 적이 없었다. 내게 좋은 점이 있다면 엄마한테서 받은 것이요, 내가 많은 결점을 지닌 것은 엄마를 일찍이 잃어버려 그의 사랑 속에서 자라나지 못한 때문이다.

엄마는 아빠가 세상을 떠난 후 비단이나 고운 색깔을 몸에 대신 일이 없었다. 분을 바르신 일도 없었다. 사람들이 자기 보고 아름답다고 하면 엄마는 죽은 아빠에게 미안한 생각이 들었을 것이다. 여름이면 모시, 겨울이면 옥양목, 그의 생활은 모시같이 섬세하고 깔끔하고 옥양목같이 깨끗하고 차가웠다. 황진이처럼 멋있던 그는 죽은 남편을 위하여 기도와 고행으로 살아가려고 했다. 〈엄마〉

여기서의 '엄마'의 모습은 "난이요 학이요, 청초하고 몸맵시 날렵한 여인"(〈수필〉)으로 떠오른다. 그러나 애수가 깃들인 모습이다. 금아의 〈구원의 여상女像〉을 읽을 때 그 배경에 이러한 '엄마'의 모습이 어리는 것은 필자에게만 한하는 것일까?

'엄마'는 '나'를 끔찍이 사랑했다. 때로는 구슬치기도 하고 때로는 술래잡기도 한다. 어린 '나'가 그린 그림을 틀에 넣어 벽에 붙이기도 한다. '나'의 옷이 작아진 것을 기뻐도 했다. 그러나 그 사랑에는 슬픔이 깔려 있었다. 그 중에서도 유치원에서 몰래 빠져나와 벽장에서 잤을 때의 일, 글방에서 몰래 도망쳐 집에 왔을 때의 일은, '나'에 대한 '엄마'의 슬픈 사랑을 잘 보여주는 사건들이다.

    자다가 눈을 떠보니 캄캄하였다. 나는 엄마를 부르면서 벽장문을 발길로 찼다. 엄마는 달려들어 나를 끌어안았다. 그때 엄마의 가슴이 왜 그렇게 뛰었는지 엄마의 팔이 왜 그렇게 떨렸는지 나는 몰랐었다.
    "너를 잃은 줄 알고 엄마는 미친년 모양으로 돌아다녔다. 너는 왜 그리 엄마를 성화 먹이니, 어쩌자고 너 혼자 온단 말이냐. 그리고 숨기까지 하니, 너 하나 믿고 살아가는데, 엄마는 아무래도 달아나야 되겠다."
    나들이 간 줄 알았던 엄마는 나를 찾으러 나갔던 것이었다. 나는 아무 말도 아니하고 그저 울었다. 〈엄마〉

    집에 들어서자 엄마는 왜 그렇게 일찍 왔느냐고 물었다. 어물어물했더니 엄마는 회초리로 종아리를 막 때린다. 나는 한나절이나 울다가 잠이 들었다. 자다 눈을 뜨니 엄마는 내 종아리를 만지면서 울고 있었다. 〈엄마〉

    그러나 '나'의 눈에는 어느 황후보다도 '엄마'가 더 예뻤다. 그래서 그런 예쁜 '엄마'가 나를 두고 달아날까 봐 걱정을 했다. 정말 '엄마'가 아니면 어떡하나 하는 걱정도 했다. 그래서 '엄마'가 '나'를 두고 달아나면 어쩌느냐고 물어보았다. "그때 엄마는 세 번이나 고개를 흔들었다."(〈엄마〉) 그러나 엄마는 자신도 모르는 사이에 떠남을 예비하고 있었다.

어떤 날 밤에 자다가 깨어보니 엄마는 아니 자고 앉아 무엇을 하고 있었다. 나도 일어나서 무릎을 꿇고 엄마 옆에 앉았다. 엄마는 아무 말도 아니하고 장롱에서 옷들을 꺼내더니, 돌아가신 아빠 옷 한 벌에 엄마 옷 한 벌씩을 짝을 맞춰 채곡채곡 집어넣고 내 옷은 따로 반닫이에 넣고 있었다. 그것을 보고 나도 모르게 슬퍼졌지만 엄마 품에 안겨서 잠이 들었다. 〈엄마〉

이것은 산 '엄마'가 죽은 '아빠'에게로 결합해가는 모습이다. 동시에 산 '나' 혼자 '따로' 떨어지는 모습이다. '나'가 그것을 보고 자신도 모르게 슬퍼진 것이 따로 떨어짐에 대한 예감에서였는지는 여기서 확실하지 않다. 그러나 '나'도 역시 모르는 사이에 그런 예감을 가졌던 듯도 하다.

어려서 나는 꿈에 엄마를 찾으러 길을 가고 있었다. 달밤에 산길을 가다가 작은 외딴집을 발견하였다. 그 집에는 젊은 여인이 혼자 살고 있었다. 달빛에 우아하게 보였다. 나는 허락을 얻어 하룻밤을 잤다. 그 이튿날 아침, 주인 아주머니가 아무리 기다려도 일어나지 않았다. 불러봐도 대답이 없다. 문을 열고 들여다보니 거기에 엄마가 자고 있었다. 몸을 흔들어보니 차디차다. 엄마는 죽은 것이다.

그 집 울타리에 이름 모를 찬란한 꽃이 피어 있었다. 나는 언젠가 엄마한테서 들은 이야기를 생각하고 얼른 그 꽃을 꺾어가지고 방으로 들어왔다. 하얀꽃을 엄마 얼굴에 갖다 대고 "뼈야 살아라!" 하고, 빨간 꽃을 가슴에 갖다놓고 "피야 살아라!" 그랬더니 엄마는 자다가 깨듯이 눈을 떴다. 나는 엄마를 얼싸안았다. 엄마는 금시에 학이 되어 날아갔다. 〈꿈〉

뼈야 살아라, 피야 살아라 하는 이야기는 언제나 어린 우리들에게 행복한 결말을 보여주는 부활의 메시지였다. 그러나 이 꿈에서의 그 이야기는 그렇지 않다. 죽음에서 다시 살아나 '나'와 함께 기뻐해야 할 '엄마'는 금시에 학이 되어 날아가는 것이다. 병으로 나날이 야위어만 가던 '엄마'는 정말 학이 되어 날아갔다.

강서 약수터, 엄마가 유하고 있던 그 집 앞에서 마차를 내리자, 나는 "엄마!" 하고 소리를 지르며 뛰어들어갔다. 엄마는 눈을 감고 반듯이 누워 있었다. 내가 왔다는데도 모른 체하고 누워 있었다. 나는 울면서 엄마 팔을 막 흔들었다. 나는 엄마를 꼬집었다. 넓적다리를, 팔을, 힘껏 꼬집고 또 꼬집었다. 엄마는 꼼짝도 하지 않았다. 나는 엄마 얼굴에 엎어져 흐느껴 울었다. 〈그 날〉

'엄마'는 이렇게 '나'를 떠났다. 그녀의 이런 떠남은 그녀도 '나'도 모르는 사이에 하느님이 마련한 것이다. 즉 그녀가 선택한 길이 아닌 것이다.

그렇다면 그러한 '엄마'의 떠남에 대한 '나'의 보냄의 모습은 어떠한가? "나는 그 후 외지로 돌아다니느라고 엄마의 무덤까지 잃어버렸다. 다행히 그의 사진이 지금 내 책상 위에 놓여 있다."(〈엄마〉)라는 '나'의 말은 그가 그녀를 자취 없이 보낸 듯한 느낌을 준다. 그러나 그렇지 않다.

내가 새 한 마리 죽이지 않고 살아온 것은 엄마의 자애로운 마음이요, 햇빛 속에 웃는 나의 미소는 엄마한테서 배운 웃음이다. 〈엄마〉

나는 엄마 같은 애인이 갖고 싶었다. 엄마 같은 아내를 얻고 싶었다. 이제 와서는 서영이나 아빠의 엄마 같은 여성이 되기를 바랄 뿐이다. 그리고 또 하나의 간절한 희망은 엄마의 아들로 다시 태어나는 것이다. 〈엄마〉

'나'는 우선 '엄마'의 모습(자애와 미소)을 자신의 몸 안에 간직하고 있다. 자신의 애인과 아내에게도 그 모습을 잡아매 두려 했다. 딸인 서영이에게도 그렇게 하려 한다. 그리고 자신의 내세에 대한 희망 속에 붙잡아두고 있다. '엄마'는 갔지마는 '나'는 보내지 않은 것이다.

(2) 유순이

'유순이' 이야기를 쓴 글은 〈유순이〉 한 편뿐이다. '유순이'는 서가회(상해)라는 곳의 한 요양원에 근무하는 한국인 간호사이다. 대학 시절의 일이다. '나'는 그 요양원에 입원을 한 일이 있다. 그리 심한 병은 아니었으나 기숙사에는 간호해줄 사람이 없었기 때문이다. 그때 거기서 '나'는 그녀를 만났던 것이다.

> 내가 입원한 그 이튿날 아침, 작은 노크 소리와 함께 깨끗하게 생긴 간호부가 들어왔다. "안녕히 주무셨어요?" 하고 그는 한국말로 인사를 한다. 그때의 나의 놀람과 기쁨은 지금 뭐라 형용할 수가 없다. 그때 그가 가지고 들어온 오렌지 주스와 삼각형으로 자른 얇은 토스트를 맛있게 먹은 것이 가끔 생각난다. 마말레이드도 맛이 있었다. 나는 그 후 어느 레스토랑에서도 그런 오렌지 주스와 토스트를 먹어본 일이 없다.

여기서 떠오르는 '유순이'는 대단히 깨끗하고 친절한 여인의 모습이다. 외로운 이국에서 공부하는 청년, 더구나 간호해줄 사람도 없는 '나'였기 때문에 그녀의 모습은 더 그렇게 보일 수도 있었을 것이다. 그러나 어떻든, 그녀의 깨끗함과 친절함은 우리가 앞에서 본 바 〈엄마〉라는 글의 '우아하고 청초한 여성', '자애로운 마음' 같은 말들을 연상케 하는 데가 있다. '나'는 그녀가 근무하는 요양원의 정경을 다음과 같이 묘사하고 있는데, 이것은 그녀에게 '기도와 고행'(〈엄마〉)으로 조용히 살아가는 수녀 같은 이미지를 더해준다.

> 요양원이 있는 곳은 한적한 시외였다. 주위에는 과수원들이 있었고, 멀리 성당이 보였다. 병실이 많지 않은 아담한 이 요양원은 병원이라기보다는 별장이나 작은 호텔 같았다. 아침에 눈을 뜨면 흑단 화장대 거울에 정원의 고목들이 비치는 것이었다. 간호부들의 아침 찬미 소리가 들리지 않았던들 얼마나 고적하였었을까.

'나'는 혹 자신도 모르는 사이에 그녀에게서 '엄마'의 어떤 면을 느꼈던 것은 아니었을까? 물론 그것은 속단할 수 없는 일이다. 한 가지 사례를 더 보자.

> 그는 틈만 있으면 내 방을 찾아왔다. 황해도 자기 고향 이야기도 하고, 선물로 받았다는 예쁜 성경도 빌려주었다. 자기는 〈누가복음〉을 좋아한다고 하였다. 타고르의 〈기탄잘리〉를 나에게 읽어준 때도 있었다.

이것은 '나'와 술래잡기를 하고 구슬치기를 하고 '나'의 그림을 틀에 넣어 벽에 붙이고 하던 '엄마', 그리고 "밤이면 엄마는 나를 데리고 마당에 내려가 별 많은 하늘을 쳐다보았다. 북두칠성을 찾아 북극성을 가르쳐주었다. 은하수는 별들이 모인 것이라고 일러주었다"(〈엄마〉), "엄마는 나에게 어린 왕자 이야기를 하여주었다"(〈엄마〉)던 일들을 떠올리게 하는 데 충분한 것이다. 어떻든 '유순이'는 이 글의 독자가 '나'의 '엄마'를 연상할 만큼 청초 우아하고 자애로우며 어떤 신념을 가진 여인이다.

이러한 '유순이'와 '나'와의 관계가 어떻게 발전해갔는지는 알 수 없다. 물론 여성에게 적극적이지 못한 성격, 즉 "나는 밤새껏 춤도 못 추어보았다. 연애에 취해보지도 못하고 40여 년을 기다리기만 하였다."(〈술〉)는 '나'를 생각한다면, 두 사람의 관계는 요양원의 병실에서 만나던 그 이상의 발전은 없었던 듯이 보이기도 한다.

그러나 '나'의 내면도 그러했을까? 이 질문에 대답하기 위해서는 〈유순이〉란 글의 역사적 배경, 그리고 그 배경 속에서 보인 '나'의 행동을 살펴볼 필요가 있다. 그것은 상해 사변이다. 대포 소리가 들리고 기관총이 이를 갈고 번개 같은 불이 퍼졌다 스러졌다 하는 급박한 상황이다.

이런 상황 속에서 보인 '나'의 첫번째 행동. 그때 두 사람은 전화를 통했으나 말이 채 끝나기도 전에 전화가 끊겼다.

암만 되불러도 나오지를 않으니 전선줄이 끊어졌나보다. 나는 어두운 강가로 나왔다. 멀리서 대포 소리가 들려온다. (중략)
캠퍼스를 돌아다니다가 마음을 진정시키려고 방으로 들어왔다. 겨울 방학이므로 학생들은 다 집에 돌아가고, 나하고 남양에서 온 사람 몇만이 기숙사에 남아 있었다. 이불을 쓰고 드러누웠다. 여전히 대포 소리, 폭탄 떨어지는 소리가 들려온다. 여러 번 몸을 뒤채도 잠은 들어지지 않았다. 아까 전화로 들은 그의 음성이 나를 괴롭게 하기 시작했다. 그가 지금 총에 맞아서 쓰러지는 것 같기도 하고, 불붙는 병원에서 어쩔 줄 몰라 애통하는 양이 눈앞에 보이는 듯하였다.

우리는 여기서 '유순이'와 관련된 '나'의 배회, 불면, 괴로움, 불행한 환상 같은 것을 볼 수 있다. 모두가 심각한 것들이다. 물론 이것은 고결한 이성 친구 사이에 희귀하게 나타나는 우정이랄 수도 있을 것이다. 그러나 어떻든 '나'의 내면이 심각하게 긴장되어 있었다는 것은 부인할 수 없을 것이다.

다음은 '나'의 두번째 행동. '나'는 다음 날 새벽 동이 트자 곧 그녀를 찾아 나선다. '나'가 그녀를 찾아가는 그 길은 결코 순탄한 것이 아니다. 아니, 위험한 길이다. 다음에 그 길의 몇 군데를 보이기로 한다.

길에는 차차로 사람이 많아졌다. 사람이 황포강 물결같이 흐른다. 푸른 옷 입은 작은 사람들의 푸른 물결! 나는 그들 속에 섞여서 가는 동안에 공포를 느끼기 시작하였다. 만약 불행히 그 중에서 한 사람이라도 나를 잘못 일본 사람으로 본다면 나는 그 자리에서 맞아죽을 것이다. (중략)

밀물같이 밀려오는 그 군중과 정면충돌을 하면서 목적지까지 갈 수는 도저히 없을 것 같았다. 다시 마음을 단단히 하고 걷기 시작하였다. 벌써 숨이 막힐 지경이요 정신이 아뜩아뜩하여진다. 빼—ㅇ 소리가 났다. 발을 주춤하니 바로 내 앞으로 오는 노동자 하나가 비명을 지르며 엎어진다.

'나'는 이 위험한 길을 포기하지 않았다. '나'가 생명의 위협까지 느끼는 그 길을 갈 수 있었던 것은, 그것이 우정이든 연애든 '나'의 내면에 불타는 뜨거운 사랑의 힘 때문이었을 것이다. 그리하여 '나'는 그녀를 만난다. 그러나 그 만남은 곧 떠남으로 변한다.

"위험한 곳에를 어떻게 오셨어요."
그는 나를 자기 일하는 방으로 안내하였다. 총 소리, 대포 소리가 연달아 들려온다.
"고맙습니다. 그러나 저는 책임으로나 인정으로나 환자를 내버리고 갈 수는 없습니다."
나는 그의 맑은 눈을 바라다보았다.

'유순이'는 이렇게 해서 '나'를 떠났다. 그녀의 이런 떠남은 그녀 자신이 선택한 것이다. 그러나 '나'가 함께 떠나기를 더 강권할 수 없었던 것은, 고결한 의무감과 인간애로 하여 그녀의 눈이 너무도 맑았기 때문일 것이다. 여기서도 '나'는 그녀를 다 보내지 못한다.

상해 사변 때문에 귀국한 지 얼마 후였다. 춘원이 《흙》의 여주인공 이름을 얼른 작정하지 못하는 것을 보고 있다가 나는 문득 그를 생각하고 '유순'이라고 지어드렸다. 지금 살아 있는지 가끔 그를 생각할 때가 있다.

'엄마'의 경우처럼 강렬하지는 않으나, '나'는 역시 '유순이'를 자신의 마음속에 간직하고 춘원의 《흙》 속에 붙잡아두고 있다. 그녀는 떠났지마는 '나'는 그녀를 안 보낸 것이다.

(3) 아사코
'아사코' 이야기를 쓴 글은 〈인연〉 한 편뿐이다. '나'는 이 글에서 그녀와 세 번 만난다. 세 번 만난다는 것은 세 번 떠난다는 뜻이다. 우선 첫번째를 보자.

수십 년 전 내가 열일곱 되던 봄, 나는 처음 동경에 간 일이 있다. 어떤 분의 소개로 사회교육가 미우라 선생 댁에 유숙을 하게 되었다. (중략) 눈이 예쁘고 웃는 얼굴을 하는 아사코는 처음부터 나를 오빠같이 따랐다. (중략) 내가 간 이튿날 아침, 아사코는 스위트피를 따다가 화병에 담아 내가 쓰게 된 책상 위에 놓아주었다. 스위트피는 아사코 같이 어리고 귀여운 꽃이라고 생각하였다.

성심여학원 소학교 일학년인 아사코는 어느 토요일 오후 나와 같이 저희 학교까지 산보를 갔었다. (중략) 아사코는 자기 신발장을 열고 교실에서 신는 하얀 운동화를 보여주었다.

내가 동경을 떠나던 날 아침, 아사코는 내 목을 안고 내 뺨에 입을 맞추고, 제가 쓰던 작은 손수건과 제가 끼던 작은 반지를 이별의 선물로 주었다. 옆에서 보고 있던 선생 부인은 웃으면서

"한 십 년 지나면 좋은 상대가 될 거예요" 하였다. 나는 얼굴이 더워지는 것을 느꼈다. 나는 아사코에게 안데르센의 동화책을 주었다.

그 후 십 년이 지나고 삼사 년이 더 지났다. 그 동안 나는 국민학교 일학년 같은 예쁜 여자아이를 보면 아사코 생각을 하였다.

이렇게 해서 첫번째의 만남과 떠남이 이루어진다. 여기 보이는 '아사코'는 성심여학원의 소학생, 인상은 어리고 귀여운 스위트피 같고, 떠남에 있어서의 두 사람의 거리는 그녀가 '내 목을 안고 내 뺨에 입을 맞추고'와 같은 대단히 밀

접된 것이다.[4] '나'는 그녀를 떠난 뒤, 그녀의 모습을 흔히 볼 수 있는 '국민학교 일학년 같은 예쁜 여자아이' 속에 간직해둔다. 역시 보내되 보내지 않는 '나'의 한 모습이다.

첫번째에서 십삼사 년 후, '나'는 두번째로 동경에 간다. 성심여학원 소학교 일학년이던 '아사코'는 역시 같은 성심여학원 영문과 삼학년, 어리고 귀엽던 스위트피는 청순하고 세련된 목련꽃으로 환히 피어 있었다.

> 그날도 토요일이었다. 저녁 먹기 전에 같이 산보를 나갔다. 그리고 계획하지 않은 발걸음은 성심여학원 쪽으로 옮겨져 갔다. 캠퍼스를 두루 거닐다가 돌아올 무렵, 나는 아사코 신발장은 어디 있느냐고 물어보았다. 그는 무슨 말인가 하고 나를 쳐다보다가, 교실에는 구두를 벗지 않고 그냥 들어간다고 하였다. 그리고는 갑자기 뛰어가서 그날 잊어버리고 교실에 두고 온 우산을 가지고 왔다. 지금도 나는 여자 우산을 볼 때면 연두색이 고왔던 그 우산을 연상한다. 〈셸부르의 우산〉이라는 영화를 내가 그렇게 좋아한 것도 아사코의 우산 때문인가 한다. 아사코와 나는 밤 늦게까지 문학 이야기를 하다가 가벼운 악수를 하고 헤어졌다.

---

4) 아사코의 인상, 두 사람의 거리의 변화 등은 졸고(拙稿) 〈수필문학의 구성 고찰〉(새국어교육 9호, 1984) 참조.

이렇게 해서 두번째의 만남과 떠남이 이루어진다. 여기 보이는 '아사코'는 '나'로부터 한 발 멀어진, 아니 상당한 거리로 멀어진 모습이다. 신발장을 기억하지 못하는 것이 그 한 증거다. 그러나 무엇보다 확실한 증거는 '가벼운 악수'일 것이다. 첫번째의 경우에선 '그녀가 내 목을 안고 내 뺨에 입을 맞추고' 했었다. 그것이 가벼운 악수로 멀어진 것이다. 그러나 '나'는 그녀를 다 보내지 않는다. '여자 우산'과 '셸부르의 우산' 안에 그녀 몰래 감추어두고 있는 것이다.

　두번째에서 또 십여 년 후, '나'는 세번째로 동경에 간다. 그 동안에 '나'는 '그녀가 결혼은 하였을 것이요, 전쟁통에 어찌 되지나 않았나, 남편이 전사하지는 않았나 하고 별별 생각을 다' 했었다. 그러나 그녀는 일본인 2세인 미군 장교와 결혼을 해서 살고 있었다. 그녀의 어머니가 안내해 주었다. 그녀는 뾰족 지붕에 뾰족 창문들이 있는 작은 집에 살고 있었다. 나는 잠시 다음과 같은 상념에 빠진다.

　　이십여 년 전 내가 아사코에게 준 동화책 겉장에 있는 집도 이런 집이었다.
　　"아, 이쁜 집! 우리 이 담에 이런 집에서 같이 살아요."
　　아사코의 어린 목소리가 지금도 들린다.
　　십 년쯤 미리 전쟁이 나고 그만큼 일찍 한국이 독립되었더라면 아사코의 말대로 우리는 같은 집에서 살 수 있게 되었을지도 모른다. 뾰족 지붕에 뾰족 창문들이 있는 집이 아니라도.

그러나 그 집에 들어서서 마주친 '아사코'는 시들어 가는 백합꽃 같은 모습이었다. 청순하고 세련된 목련꽃이 이제 백합꽃으로 시들고 있는 것이다. 어리고 귀여운 스위트피와 세련된 목련꽃을 간직한 '나'로서는 보지 않았어야 할 모습이다. 연민의 정이 남아 있다.

그러나 그는 아직 싱싱하여야 할 젊은 나이다. 남편은 내가 상상한 것과 같이, 일본 사람도 아니고 미국 사람도 아닌, 그리고 진주군 장교라는 것을 뽐내는 것 같은 사나이였다. 아사코와 나는 절을 몇 번씩 하고 악수도 없이 헤어졌다.

이로써 세번째의 만남과 떠남이 끝난다. 여기 보이는 '아사코'는 두번째의 경우에서보다 더욱 멀어진 모습이다. 두번째는 악수가 있었다. 그러나 세번째는 악수도 없는 '절'만 있다. 결국 '아사코'는 "입맞춤→가벼운 악수→절"의 거리로 '나'를 떠난 것이다.

그녀의 이런 떠남은 무의식 속에서 행해진 것이다. '엄마'의 경우처럼 항거할 수 없는 어떤 초인간적인 힘에 의한 것도 아니고, '유순이'의 경우같이 자신의 신념에 따른 것도 아니다. 말하자면 운명적인 것이라고나 할 성질의 것이다. 그러나 '나'는 역시 그녀를 완전하게 보내지 않는다. 필자는 그 보내지 않음을 말하기 위하여, '국민학교 일학년 같은 예쁜 여자아이', '여자 우산, 셀부르의 우산' 같은 것을 지적한 바 있다. 결론적으로 이 작품의 서두 부분과 결말 부분을 한 번 더 보자.

지난 사월 춘천에 가려고 하다가 못 가고 말았다. 나는 성심여자대학에 가보고 싶었다. 그 학교에 어느 가을 학기, 매주 한 번씩 출강한 일이 있다. 힘드는 출강을 한 학기 하게 된 것은, 주 수녀님과 김 수녀님이 내 집에 오신 것에 대한 예의도 있었지만 나에게는 사연이 있었다.

그리워하는데도 한 번 만나고는 못 만나게 되기도 하고, 일생을 못 잊으면서도 아니 만나고 살기도 한다. 아사코와 나는 세 번 만났다. 세번째는 아니 만났어야 좋았을 것이다.
오는 주말에는 춘천에 갔다 오려 한다. 소양강 가을 경치가 아름다울 것이다.

'아사코'는 '나'를 떠났지만, '나'는 그녀를 보내지 않는다. 그녀가 다니던 학교와 똑같은 이름의 성심여자대학, 그리고 그 대학이 있는 춘천(지금은 대학이 다른 곳으로 옮겼지만), 춘천에 있는 소양강의 가을 경치 속에 꼭꼭 붙잡아두고 있는 것이다.

(4) 서영이

'서영이' 이야기를 쓴 글은 〈서영이에게〉, 〈서영이〉, 〈서영이 대학에 가다〉, 〈딸에게〉 등이고 이 밖에도 잠깐 언급한 것은 퍽 많다. 그녀는 '나'의 딸이다. '나'의 눈에 비친 그녀의 모습, 그녀에 대한 '나'의 생각은 다음과 같다.

> 내 일생에는 두 여성이 있다. 하나는 나의 엄마고 하나는 서영이다. 서영이는 나의 엄마가 하느님께 부탁하여 내게 보내주신 귀한 선물이다.
> 서영이는 나의 딸이요, 나와 뜻이 맞는 친구다. 또, 내가 가장 존경하는 여성이다. 자존심 강하고 정서가 풍부하고 두뇌가 명석하다. 값싼 센티멘털리즘에 흐르지 않는, 지적인 양 뽐내지 않는 건강하고 명랑한 소녀다. (중략)
> 아마 내가 책과 같이 지낸 시간보다도 서영이와 같이 지낸 시간이 더 길었을 것이다. 그리고 이 시간은 내가 산 참된 시간이요 아름다운 시간이었음은 물론 내 생애에 가장 행복된 부분이다. 〈서영이〉

여기 보이는 '서영이'는 어리거나 젊은 소녀다. 그 어리거나 젊음을 덜어내고 나면, 그녀의 모습 역시 〈구원의 여상

女像〉의 배경에 비침을 느낄 수 있다. 자존심, 정서, 명석 같은 말이 그것을 뒷받침한다. 그리고 〈구원의 여상〉에서 말한 푸른 나무와, 〈딸에게〉에서 말한 푸른 나무가 같은 나무라는 생각도 가능하다.

'서영이'에 대한 '나'의 사랑은 위에 인용한 글만으로도 넉넉히 짐작할 수 있다. 그러나 보다 큰 실감을 위하여 한 구절을 더 인용해보기로 한다.

> 내가 해외에 있던 일 년을 빼고는 유치원에서 국민학교를 졸업할 때까지 거의 매일 서영이를 데려다주고 데리고 왔다. 어쩌다 늦게 데리러 가는 때는 서영이는 어두운 운동장에서 혼자 고무줄을 하고 있었다.
> 지금 생각해도 안타까운 것은 일 년 동안이나 서영이와 떨어져 살던 기억이다. 오는 도중에 동경에서 삼 일간 체류할 예정이었으나, 견딜 수가 없어서 그날로 귀국했다.

그러나 이처럼 사랑하는 '서영이'도 '나'를 떠난다. 세월이 흘렀다. 그녀도 '국민학교를, 중·고등학교를, 그리고 시집갈 나이에 미국으로 유학을'(〈서영이와 난영이〉) 간 것이다. '난영이'를 남겨두고, '난영이'의 고향인 뉴욕으로 혼자 떠난 것이다. '난영이'는 오래 전에 '나'가 뉴욕에서 '서영이'를 위해 산 인형에 붙인 이름이다. 이번에도 '나'는 그녀를 다 보내지 않는다.

> 서영이를 보내고 마음을 잡을 수 없는 나는 난영이를 보살펴 주게 되었습니다. 날마다 낯을 씻겨주고 일주일에 한두 번씩 목욕을 시키고 빗질도 하여줍니다(중략). 어쩌다 내가 늦게까지 무엇을 하느라고 난영이를 재우는 것을 잊어버릴 때가 있습니다. 난영이는 앉은 채 뜬눈을 하고 있습니다.

여기 보이는 '난영이'는 바로 '서영이' 그대로다. 가령 재우는 것을 잊어버릴 때 뜬눈을 하고 있는 '난영이'의 모습에서 늦게 데리러 갔을 때 혼자 고무줄을 하며 기다리는 '서영이'를 볼 수 있지 않은가? 그녀는 떠났지마는 '나'는 이렇게 '난영이' 속에 그녀를 붙잡아두고 있는 것이다.

'서영이'는 이렇게 떠났지만, 그리고 '나'는 그녀를 이런 식으로 붙잡고 있지만, 그러나 그녀는 한 번 더 떠날 사람이다. 그녀가 처녀인 까닭이다. '나'는 그녀의 결혼과 관련하여

> 자기의 학문, 예술, 종교, 또는 다른 사명이 결혼 생활과 병행하기 어려우리라고 생각될 경우에는 독신으로 지내는 것이 의의 있을 것이다. 〈서영이〉

> 좋은 아내, 좋은 엄마가 되어 순조로운 가정 생활을 하는 것

이 옳은지, 아니면 외롭게 살며 연구에 정진하는 것이 네가 택해야 할 길인지 그것은 너 혼자서 결정할 문제다. 〈딸에게〉

하는 생각과 말을 한 일이 있다. 이것은 '난영이' 속에 딸을 붙잡아두는 아버지로서의 '나'의 생각이나 말로 믿기에는 너무 차가운 데가 있다. 그러나 결국 '나'는 보통의 아버지로 돌아온다.

나는, 서영이도 결혼을 할 테지 하고, 십 년이나 후의 일이지만 이 생각 저 생각 할 때가 있다. (중략) 결혼을 한 뒤라도 나는 내 딸이 남의 집 사람이 되었다고는 생각지 않을 것이다. 물론 시집살이는 아니하고 독립한 가정을 이룰 것이며, 거기에는 부부의 똑같은 의무와 권리가 있을 것이다. 〈서영이〉

나는 친구의 딸 결혼식에 갔다가 아버지가 딸을 데리고 들어오는 것을 보고 눈물이 뺨에 흐르는 것을 깨닫는다. 그리고 신부가 신랑하고 나가는 것을 보고는 다시 눈물을 씻는다. 〈서영이 대학에 가다〉

'서영이'는 앞글에서처럼 결혼을 해서 두번째로 '나'를 떠날 것이다. 그리고 '나'는 뒷글의 심정으로 그녀를 보낼 것이다. 그러나 여기서도 '나'는 그녀를 다 떨쳐 보내지는 않는다. '나'는 이미 "결혼을 한 뒤라도 나는 내 딸이 남의 집 사람이 되었다고는 생각지 않을 것"이라고 했다.

다음을 더 보자.

> 장래 결혼을 하면 서영이에게도 아이가 있을 것이다. 아들 하나, 딸 하나, 그렇지 않으면 딸 하나, 아들 하나가 좋겠다. 그리고 다행히 내가 오래 살면 서영이 집 근처에서 살겠다. 아이 둘이 날마다 놀러 올 것이다. 나는 파랑새 이야기도 하여주고 저희 엄마에 대한 이야기도 들려줄 것이다. 그리고 아이들은 저희 엄마처럼 나하고 구슬치기도 하고 장기도 둘 것이다. 〈서영이〉

여기서 '난영이' 구실을 하는 것이 '서영이'의 두 아이라는 것은 쉽게 짐작할 수 있는 일이다. 그녀는 언젠가 떠나겠지만, '나'는 그녀를 그녀의 아이들 속에 이렇게 붙잡아두고 있을 것이다.

2. '보냄'의 모습과 금아 수필

필자는 위에서 금아 수필에 등장하는 네 사람의 여성들, 곧 '엄마', '유순이', '아사코', '서영이'의 떠남의 모습과 '나'의 보냄의 모습을 살펴보았다. 그리고 '나'의 보냄이란 결코 완전히 보냄이 아니라 어디인가에 잡아둠이라는 사실도 찾아보았다. 그렇다면 무엇이 '나'로 하여금 떠나는 그들을 그렇게 잡아두게 하는 것일까? 이 물음에 대한 대답을 찾는 것은 금아 수필을 이해하는 한 방법이 될 수 있을 것이다.

우선 '엄마'의 경우부터 보자. 무엇이 '나'로 하여금 '엄마'를 그렇게 잡아두게 했을까? 그것은 한 마디로 말하여 정(情, 사랑)이다. 그것은 '엄마'가 남편을 여읜 과부로서 상실의 아픈 경험을 겪었고, '나' 자신 이러한 어머니를 일찍 여의지 아니할 수 없었기 때문에 특히 애절한 것으로 나타난 듯하다.[5] '유순이'를 그렇게 붙잡아둔 것도, '아사코'를 그렇게 다 보내지 않은 것도, 그리고 '서영이'를 그렇게 붙잡아두려는 것도 모두 그들에 대한 정 때문이다.

그 정은 뜨거울 때도 있고 따뜻할 때도 있다. 가령 생명의 위협을 느끼면서까지 '유순이'를 찾아간 것은 뜨거운 정이다. 그러나 유난스럽지 않다. 뜨거운 정이면서도 유난스럽지 않은 것은 물론 위에 말한 '나'의 성격 때문이겠지만 때로는,

헤어지면 멀어진다는 그런 말은 거짓말입니다. 녹음이 짙어 가듯 그리운 그대여, 주고 가신 화병에는 장미 두 송이가 무서운 빛깔로 타고 있습니다. 그러나 그것은 될 수 없는 일입니다. 주님께서는 엄격한 거부로써 우리를 지켜주십니다. 〈파리에 부

---

5) 김우창, 앞의 〈피천득론〉.

친 편지〉

와 같은 자제가 따르기 때문이기도 할 것이다. 이에 대하여 '아사코'를 생각하는 것은 따뜻한 정이다. 역시 유난스럽지 않다. 즉, 순수하고 내면적인 것이다. 그러나 금아 수필에 더 많이 나타나는 것은 뜨거운 쪽보다는 따뜻한 쪽이 아닌가 한다. 예를 들면 다음과 같은 것이다.

> Y와 헤어져서 동대문행 전차를 탔다. 팔에 안긴 아기가 자나 하고 들여다보는 엄마와 같이 종이에 싸인 장미를 가만히 들여다보았다. 문득 C의 화병에 시든 꽃이 그냥 꽂혀 있던 것이 생각났다. (중략) 나는 그의 화병에 물을 갈아준 뒤에, 가지고 갔던 꽃 중에서 두 송이를 꽂아놓았다. 그리고 딸을 두고 오는 어머니같이 뒤를 돌아보며 그 집을 나왔다. 〈장미〉

'나'의 이러한 정은 비단 혈육이라든지 인연 있는 특수한 사람들에게만 나타내는 것이 아니다. 그것은 예컨대 황진이(〈순례〉), 잉그리드 버그만(〈반사적 영광〉), 전화를 잘못 걸고 미안해 하는 미지의 여성(〈전화〉), 뺨이 붉은 어린 아이들과 하얀 칼라를 한 여학생들(〈신춘〉) 등 무수한 유명 무명의 사람들에게도 나타내는 것이다.

'나'의 이러한 정은 또 비단 사람에게만 나타내는 것이 아니다. 〈나의 사랑하는 생활〉을 보면, 돈, 촉감, 빛깔, 소리, 맛, 집, 옷과 신발 등 사람 아닌 것에 대한 정도 얼마든지 찾아볼 수 있다. 아니, 〈나의 사랑하는 생활〉만이 아니라, 다른 글에도 무수히 나타남을 볼 수 있는 것이다.

> 사상이나 기교에는 시대에 따라 변천이 있으나 문학의 본질은 언제나 정情이다. 그 속에는 "예전에도 있었고 앞으로도 있을 자연적인 슬픔, 상실, 고통"을 달래주는 연민의 정이 흐르고 있다. 〈순례〉

이것은 문학의 본질을 설명한 말이지만, 필자에게 있어서는 금아 자신의 수필 세계를 가장 극명하게 드러낸 말로 들린다. 금아의 수필 세계는 바로 정으로 되어 있는 것이다. 그 정은, 때로는 뜨겁지만 대체로는 따뜻한 쪽이며, 겉으로 유난스럽지 않고 속으로 고요한 것이다. 그리고 규모가 큰 것이기보다는 작은 것일 때가 더 많다. "사람은 본시 연한 정으로 만들어졌다. 여린 연민의 정은 냉혹한 풍자보다 귀하다."(〈여린 마음〉)는 것은 '나'의 신념이며, "여러 사람을 좋아하며 아무도 미워하지 아니하며 몇 사람을 끔찍이 사랑하며 살고 싶다."(〈나의 사랑하는 생활〉)는 것은 '나'의 소원이다. 이 정이 바로 금아 수필의 핵을 이루는 것이다.

Ⅲ. 결론

이상에서 논의한 것을 잠깐 요약하면 다음과 같다.

'엄마', '유순이', '아사코', '서영이', 금아 수필에 등장하는 이 네 여성들은 어떤 의미에서든 '나'에게 소중한 사람들이지만, 그러나 하나하나 모두 '나'를 떠난다. 하지만 '나'는 그들을 완전하게 보내지 않는다. 즉 어디인가에 그들을 붙잡아두는 것이다.

그렇다면 무엇이 '나'로 하여금 그들을 그렇게 붙잡아두게 하는 것인가? 그것은 그들에 대한 '나'의 정이다. 정이 그렇게 하는 것이다.

필자는 위에서, 자신의 이 글이 금아의 수필을 이해하는 데 한 작은 도움이나마 되었으면 하는 기대를 표명한 바 있다. 필자가 금아의 수필을 읽고 느낀 그 끊임없는 주제는 정이었다. 그리고 그 정이 금아의 수필을 아름답게 만들고 있었다. 따라서 정은 그의 수필 세계를 열어보이는 미더운 열쇠가 되리라고 믿는다.

꽃나무의 소유설

박연구 | 수필가·《수필공원》전前 주간

서울 시내에서 이사를 한다고 하는 것은 지극히 심상한 일에 불과하다. 그런데 금아 선생이 이사를 하시게 됐다는 소식을 듣고는 정말이냐고 되묻지 않을 수 없었다.

비단 나 한 사람뿐만 아니라 그 동안 선생 댁을 방문한 적이 있는 이들은 무엇보다도 그 집에 서려 있는 분위기를 사랑하고 싶은 생각이 들었으리라.

우선 가지가 담 밖으로 반은 뻗어나온 라일락에서 풍기는 향기만 맡고도 정이 가는 집이었다. 전지剪枝가 잘 안 된 나무였지만 그 크기로 보아서 족히 몇십 년은 묵었을 나무에서 풍겨오는 꽃향기는 선생 댁 앞을 지나가는 사람은 누구나 맡을 수 있었으리라.

대문을 들어서면 눈어림으로 쳐도 백 평은 넘어 보이는 대지에 집은 작고 뜰이 넓게 보이는데, 역시 손질이 잘 안 된 이런저런 나무들이 찾아온 손을 반겨주고 있었다.

잡초까지도 이 집에서는 화초 대접을 받고 있다고나 할까, 아무튼 금아 선생 댁을 들르면 그지없이 마음이 한유(閑裕)해져서 얼마라도 놀다 오고 싶었던 것인데, 이제 이사를 한다고 하시니 무엇인가를 크게 잃는 듯한 느낌을 금할 수가 없었다.

금아 선생의 수필을 사랑하는 이들 말고는 금아 선생 집은 어쨌든 외형적으로 퍽 초라하게 보였던 것만은 사실이다. 이웃의 호화 양옥들이 이 집에 대해서는 퍽 위압적이었고, 나 역시 고지가(高地價)지대로 알려진 M동의 한복판에 자리잡은 금아 선생 집이 지극히 비경제적인 것처럼 생각될 때도 있었다.

하지만 이런 금아 선생 집이 여러 해를 두고 그 모습 그대로 변함없이 우리들의 방문을 반겨주었을 때, 너무나 타산적이고 각박한 시대에 마지막으로 버텨주는 한유의 공간으로 생각되어 내심 얼마나 다행이다 싶었는지 모른다.

결국 이 시대의 어떤 풍조는 이런 여유를 여지없이 짓밟고 넘어갈 모양이다. 금아 선생이 이사를 가신다고 하는 사실이 꼭 무엇에 밀려나고 마는구나 하는 느낌을 갖게도 해주었다.

이 집을 마지막으로 한 번만 더 보고 싶어서 퇴근길에 M동행 버스를 탔다. 어렸을 때 외가를 찾아가면 그렇게도 반겨주시던 외할아버지와 외할머니를 회상해도 좋을 것 같다.

두 분 내외를 대하면 그런 느낌이 들기도 해서 이야기를 많이 하고도 싶어지지만 한편 오래 앉아 있기가 송구스러운 생각이 들기도 한다. 노인들만 생활하기에는 집이 너무 불편하게 보였기 때문이다. 그래서 방문하는 사람 중에는 생활하기가 편리한 아파트로 이사를 하시라고 권유를 하기도 했던 것으로 들어 알고 있는 바다.

나는 금아 선생 집 뜰에 심어진 꽃나무를 한참이나 보고 있었다. 마치 작별 인사라도 나누는 사람처럼 말이다.

요 몇 년 동안만은 금아 선생 집 뜰이 제법 하이칼라(?)가 되어 있었던 것인데, 그 연유를 알고 보면 이 또한 재미있는 이야깃거리가 될 것이다.

화원을 하는 제자가 금아 선생 댁의 넓은 뜰을 보고는 한 가지 묘안을 생각해냈다. 자기네 화원에 있는 나무들을 일부 옮겨다 심어놓자 함이었다. 그리하면 나무도 훨씬 잘 자랄 거고, 또 금아 선생으로서는 갖가지 꽃나무들을 보고 즐기게 되니 서로가 좋은 일이 아닐 수 없었.

목련, 영산홍, 산수유, 동백, 향나무, 주목朱木⋯⋯. 금아 선생은 이 나무들을 벗하면서 즐거운 나날을 보낼 수 있었고, 제자는 그것들을 자기네 화원의 고객에게 팔아넘기고 또 다른 나무들을 가져다 심어드렸다고 한다.

그런데 금아 선생께서 이사를 하시게 되었으니 이 나무들의 문제는 어떻게 되는 것인지가 궁금하였다. 여기에 대한 선생의 이야기를 듣고는, 꽃나무를 사랑하면 마음의 꽃밭에까지 꽃나무를 심게 되는구나 하는 생각을 갖게 되었다.

제자는 이 나무들을 파가지 않겠다고 말하더라는 것이다. 만일 파 옮겨갈 경우 내용을 모르고 있는 새 주인은 집을 판 금아 선생에게 야속하다고 생각할 것이 틀림없기 때문이라고 하면서…….

자기의 이해 타산을 헤아려보기 이전에 스승의 명예를 더 존중할 줄 아는 제자가 나에게는 분명 또 하나의 꽃나무처럼 생각되었다. 좀더 정확하게 표현한다면 그 제자는 일찍이 금아 선생이 심어놓은 꽃나무였던 것인데, 이 무렵 비로소 꽃을 피워낸 것에 불과할 따름이다.

나는 금아 선생 댁을 나오면서 우리집 뜰에 심긴 모란과 산당화山棠花를 생각해보았다. 나의 수필 독자 한 분이 가지고 와서 심어준 것인데, 어떻게나 꽃이 고운지 그 꽃을 바라보고 있으면 그 나무를 선물한 이의 정이 가슴에 와 닿는 것을 감지할 수가 있었다. 만일 이사를 하게 된다면 이 꽃나무를 파가지고 가리라고 마음먹고 있었는데, 금아 선생의 제자 이야기를 듣고 나니까…….

선물받은 것이라고 언제까지나 자기 소유라고만 주장한다는 것도 어찌 생각하면 부질없는 욕심이 아닌가 싶다. 내가 언제 이사를 한다고 해도 나 또한 그 꽃나무들을 누구에게 선물하는 심정으로 떠나야만 할 것 같다.

 연보

1910년　5월 29일 (음 4월 21일) 서울 종로 출생
1919년　서울 제일고보 부속소학교 입학
1923년　같은 학교 4년 수료, 서울 제일고보에 입학
1926년　상해로 유학 Thomas Hanbury Public School에서 영문학 수학
1929년　상해 후장대학교(University of Shanhai) 예과豫科 입학
1930년　〈신동아〉에 시 〈서정소곡〉을 발표
1931년　후장대학교 영문학과 진학
1934년　학창學窓을 떠나 수차 귀국, 금강산 등지에 체류하기도 함
1937년　후장대학교 영문학과 졸업, 서울 중앙상업학원 교원
1945년　해방 후 서울대학교 예과 영어과 교수
1947년　〈서정시집抒情詩集〉(상호출판사) 출간
1954년　미국 국무성 초청으로 하버드 대학교에서 연구
1960년　〈금아시문선琴兒詩文選〉(경문사) 출간
1963년　서울대학교 대학원 영어영문학과 주임교수(1968년까지)
1968년　영문판 〈플루트 연주자(A Flute Player)〉를 출간
1969년　〈산호와 진주〉(일조각) 출간
1974년　서울대학교 교수 퇴직, 미국 여행. 문예월간지 수필문학

	에 〈인연〉 발표
1976년	수필집 〈수필〉(범우사), 번역시집 셰익스피어 〈소네트 시집〉(정음문고) 출간
1980년	〈금아문선琴兒文選〉, 〈금아시선琴兒詩選〉(일조각) 출간
1991년	대한민국 문화예술상 은관문화훈장, 〈피천득 시집〉(범우사) 출간
1993년	시집 〈생명〉, 〈삶의노래-내가 사랑한 시, 내가 사랑한 시인〉(동학사) 출간
1995년	인촌상 수상 (문학 부문)
1996년	수필집 〈인연〉, 번역시집 셰익스피어 〈소네트시집〉(샘터) 출간
1997년	미수米壽 기념 〈금아琴兒 피천득 문학전집 (전5권)〉(샘터) 출간
1999년	제9회 자랑스런 서울대인상
2001년	영문판 시, 수필집 〈종달새(A Skylark)〉(샘터) 출간 (수필 51편, 시 48편 수록)
2002년	〈어린 벗에게〉(여백) 출간
2003년	〈산호와 진주와 금아〉(샘터) 출간
2006년	〈인연〉 러시아어판 (모스크바대 한국학센터) 출간
2007년	5월 25일, 향년 98세를 일기로 작고

작품 연보

시집

1947년 〈서정시집抒情詩集〉(상호출판사)

1960년 〈금아시문선琴兒詩文選〉(경문사)

1969년 〈산호와 진주〉(일조각)

1980년 〈금아시선琴兒詩選〉(일조각)

1987년 〈피천득 시집〉(범우사)

1993년 〈생명〉, 〈삶의노래-내가 사랑한 시, 내가 사랑한 시인〉(동학사)

2001년 영문판 시, 수필집 〈A Skylark〉(샘터)

수필집

1968년 A Flute Player : Poems and Essays (Samhwa Pub. Co)

1976년 〈수필〉(범우사)

1980년 〈금아문선琴兒文選〉(일조각)

1996년 〈인연〉(샘터)

1997년 〈금아琴兒 피천득 문학 전집(전5권)〉(샘터)

2002년 〈어린 벗에게〉(여백)

금아 선생을 논함

2003년　김우창 외 지음 〈산호와 진주와 금아〉(샘터)

2003년　김정빈 지음 〈인생은 작은 인연들로 아름답다〉(샘터)

역 서

1957년　〈셰익스피어의 이야기〉(한국번역도서)

1976년　〈셰익스피어 소네트 시집〉(정음문고)

1996년　〈내가 사랑한 시〉(샘터)

1996년　〈셰익스피어 소네트 시집〉(샘터)

대표 공저

1957년　〈서재여적書齋餘滴〉(경문사)

1970년　〈친구여 내 친구여〉(수레)

1976년　〈찬란한 기적〉(샘터)

1977년　〈효〉(범우사)

1978년　〈바람으로 왔다 바람으로 가며〉(민음사)

　　　　〈영원한 고향 어머니〉(민예사)

1979년　〈사랑하며 기다리며〉(민예사)

1980년　〈사람 그리고 이별〉(민예사), 〈술〉(도서출판 산하)

1983년　〈우정을 나누며 사람을 나누며〉(글수레)

1984년　〈시간이 쌓이며 슬픔이 고인자리〉(보성출판사)

1986년　〈수필의 아름다움〉(열음사)

1988년 〈행복은 내 가슴에〉(성현출판사)
1993년 〈자기를 팔만큼 가난하지도 않고, 남을 살만큼 부유하지도 않은〉(범우사)
2001년 〈노인예찬〉(평민사)
2004년 〈대화〉(샘터 : 피천득, 김재순, 법정스님, 최인호)
2005년 〈내 문학의 뿌리〉(답게)

영어관련 저작들
1952년 Our English Readers (동국문화사)
1956년 Everygreen Readers (동국문화사)
1961년 Mastering English 1, 2, 3 교과서 (동아출판사)
1966년 New Companion to English 총6권 (삼화출판사)
1971년 삼화 콘사이스 사전 (삼화출판사 : 피천득, 이종수 공저)

교과서에 실린 작품
수필 : 〈인연〉, 〈수필〉, 〈은전 한 잎〉, 〈플루트 연주자〉,
       〈종달새〉
영어번역 작품 : 〈큰바위 얼굴〉, 〈가지 않은 길〉

수필

발행일 | 2009년 5월 25일 초판 1쇄 발행
2024년 8월 25일 초판 6쇄 발행

지은이	피천득	**펴낸이**	윤성혜
펴낸곳	종합출판 범우(주)	**표지디자인**	정병규
교 정	김영석 · 신윤정	**인쇄소**	상지사

등록번호 | 제406-2004-000012호(2004년 1월 6일)
주 소 | (10881) 경기도 파주시 광인사길 9-13 (문발동 525-2)
대표전화 | 031-955-6900   **팩 스** | 031-955-6905
홈페이지 | www.bumwoosa.co.kr   **이메일** | bumwoosa1966@naver.com

ISBN 978-89-6365-009-8 03810

* 책값은 뒤표지에 있습니다.
* 잘못된 책은 바꾸어드립니다.

범우문고

2,800원 ~ 3,900원

최근의 급격한 물가 상승으로 인해 20년간 지켜오던 가격을
부득이하게 인상하게 되었음을 죄송스런 마음으로 독자여러분께 알려드립니다.
오른 가격만큼 더욱 값지고 알찬 책으로 보답하겠습니다.

현재 서점에 출고된 책은
기존가격에 구매하실 수 있습니다.

▶ 전국 서점에서 낱권으로 판매합니다
▶ 계속 출간됩니다

• 범우문고가 받은 상
제1회 독서대상(1978), 한국출판문화상(1981), 국립중앙도서관 추천도서(1982), 출판협회 청소년도서(1985), 새마을문고용 선정도서(1985), 중고교생 독서권장도서(1985), 사랑의 책보내기 선정도서(1986), 문화공보부 추천도서(1989), 서울시립 남산도서관 권장도서(1990), 교보문고 선정 독서권장도서(1994), 한우리독서운동본부 권장도서(1996), 문화관광부 추천도서(1998), 문화관광부 책읽기운동 추천도서(2002)

1. 수필 피천득
2. 무소유 법정
3. 바다의 침묵(외) 베르코르/조규철·이정림
4. 살며 생각하며 미우라 아야코/진웅기
5. 오, 고독이여 F.니체/최혁순
6. 어린 왕자 A.생 텍쥐페리/이정림
7. 톨스토이 인생론 L.톨스토이/박형규
8. 이 조용한 시간에 김우종
9. 시지프의 신화 A.카뮈/이정림
10. 목마른 계절 전혜린
11. 젊은이여 인생을… A.모로아/방곤
12. 채근담 홍자성/최현
13. 무진기행 김승옥
14. 공자의 생애 최현 엮음
15. 고독한 당신을 위하여 L.린저/곽복록
16. 김소월 시집 김소월
17. 장자 장자/허세욱
18. 예언자 K.지브란/유제하
19. 윤동주 시집 윤동주
20. 명정 40년 변영로
21. 산사에 심은 뜻은 이청담
22. 날개 이상
23. 메밀꽃 필 무렵 이효석
24. 애정은 기도처럼 이영도
25. 이브의 천형 김남조
26. 탈무드 M.토케이어/정진태
27. 노자도덕경 노자/황병국
28. 갈매기의 꿈 R바크/김진욱
29. 우정론 A.보나르/이정림
30. 명상록 M.아우렐리우스/최현
31. 젊은 여성을 위한 인생론 펄벅/김진욱
32. B사감과 러브레터 현진건
33. 조병화 시집 조병화
34. 느티의 일월 모윤숙
35. 로렌스의 성과 사랑 D.H.로렌스/이성호
36. 박인환 시집 박인환
37. 모래톱 이야기 김정한
38. 창문 김태길
39. 방랑 H.헤세/홍경호
40. 손자병법 손무/황병국
41. 소설·알렉산드리아 이병주
42. 전락 A.카뮈/이정림
43. 사노라면 잊을 날이 윤형두
44. 김삿갓 시집 김병연/황병국
45. 소크라테스의 변명(외) 플라톤/최현
46. 서정주 시집 서정주
47. 사람은 무엇으로 사는가 L.톨스토이/김진욱
48. 불가능은 없다 R.슐러/박호순
49. 바다의 선물 A.린드버그/신상웅
50. 잠 못 이루는 밤을 위하여 C.힐티/홍경호
51. 딸깍발이 이희승
52. 몽테뉴 수상록 M.몽테뉴/손석린
53. 박재삼 시집 박재삼
54. 노인과 바다 E.헤밍웨이/김회진
55. 향연·뤼시스 플라톤/최현
56. 젊은 시인에게 보내는 편지 R.릴케/홍경호
57. 피천득 시집 피천득
58. 아버지의 뒷모습(외) 주자청(외)/허세욱(외)
59. 현대의 신 N.쿠시카렘/진철승
60. 별·마지막 수업 A.도데/정봉구
61. 인생의 선용 J.러보크/한영환
62. 브람스를 좋아하세요… F.사강/이정림
63. 이동주 시집 이동주
64. 고독한 산보자의 꿈 J.루소/염기용
65. 파이돈 플라톤/최현
66. 백장미의 수기 I.숄/홍경호
67. 소년 시절 H.헤세/홍경호
68. 어떤 사람이기에 김동길
69. 가난한 밤의 산책 C.힐티/송영택
70. 근원수필 김용준
71. 이방인 A.카뮈/이정림
72. 롱펠로 시집 H.롱펠로/윤삼하
73. 명사십리 한용운
74. 왼손잡이 여인 P.한트케/홍경호
75. 시민의 반항 H.소로/황문수
76. 민중조선사 전석담
77. 동문서답 조지훈
78. 프로타고라스 플라톤/최현
79. 표본실의 청개구리 염상섭
80. 문주반생기 양주동
81. 신조선혁명론 박열/서석연
82. 조선과 예술 야나기 무네요시/박재삼
83. 중국혁명론 모택동(외)/박광종 엮음
84. 탈출기 최서해
85. 바보네 가게 박연구
86. 도왜실기 김구/엄항섭 엮음
87. 슬픔이여 안녕 F.사강/이정림·방곤
88. 공산당 선언 K.마르크스·F.엥겔스/서석연
89. 조선문학사 이명선
90. 권태 이상
91. 내 마음속의 그들 한승헌
92. 노동자강령 F.라살레/서석연
93. 장씨 일가 유주현
94. 백설부 김진섭
95. 에코스파즘 A.토플러/김진욱
96. 가난한 농민에게 바란다 N.레닌/이정일
97. 고리키 단편선 M.고리키/김영국
98. 러시아의 조선침략사 송정환
99. 기재기이 신광한/박헌순

#	제목	저자
100	홍경래전	이명선
101	인간만사 새옹지마	리영희
102	청춘을 불사르고	김일엽
103	모범경작생(외)	박영준
104	방망이 깎던 노인	윤오영
105	찰스 램 수필선	C.램/양병석
106	구도자	고은
107	표해록	장한철/정병욱
108	월광곡	홍난파
109	무서록	이태준
110	나생문(외)	아쿠타가와 류노스케/진웅기
111	해변의 시	김동석
112	발자크와 스탕달의 예술논쟁	김진욱
113	파한집	이인로/이상보
114	역사소품	곽말약/김승일
115	체스·아내의 불안	S.츠바이크/오영옥
116	복덕방	이태준
117	실천론(외)	모택동/김승일
118	순오지	홍만종/전규태
119	직업으로서의 학문·정치	M.베버/김진욱외
120	요재지이	포송령/진기환
121	한설야 단편선	한설야
122	쇼펜하우어 수상록	쇼펜하우어/최혁순
123	유태인의 성공법	M.토케이어/진웅기
124	레디메이드 인생	채만식
125	인물 삼국지	모라야 히로시/김승일
126	한글 명심보감	장기근 옮김
127	조선문화사서설	모리스 쿠랑/김수경
128	역옹패설	이제현/이상보
129	문장강화	이태준
130	중용·대학	차주환
131	조선미술사연구	윤희순
132	옥중기	오스카 와일드/임헌영
133	유태인식 돈벌이 후지다	덴/지방훈
134	가난한 날의 행복	김소운
135	세계의 기적	박웅순
136	이퇴계의 활인심방	정숙
137	카네기 처세술	데일 카네기/전민식
138	요로원야화기	김승일
139	푸슈킨 산문 소설집	푸슈킨/김영국
140	삼국지의 지혜	황의백
141	슬견설	이규보/장덕순
142	보리	한흑구
143	에머슨 수상록	에머슨/윤삼하
144	이사도라 덩컨의 무용에세이	I.덩컨/최혁순
145	북학의	박제가/김승일
146	두뇌혁명	T.R.블랙슬리/최현
147	베이컨 수상록	베이컨/최혁순
148	동백꽃	김유정
149	하루 24시간 어떻게 살 것인가	A.베넷/이은순
150	평민한문학사	허경진
151	정선아리랑	김병하·김연갑 공편
152	독서요법	황의백 엮음
153	나는 왜 기독교인이 아닌가	B.러셀/이재황
154	조선사 연구(草)	신채호
155	중국의 신화	장기근
156	무병장생 건강법	배기성 엮음
157	조선위인전	신채호
158	정감록비결	편집부 엮음
159	유태인 상술	후지다 덴/진웅기
160	동물농장	조지 오웰/김회진
161	신록 예찬	이양하
162	진도 아리랑	박병훈·김연갑
163	책이 좋아 책하고 사네	윤형두
164	속담에세이	박연구
165	중국의 신화(후편)	장기근
166	중국인의 에로스	장기근
167	귀여운 여인(외)	A.체호프/박형규
168	아리스토파네스 희곡선	아리스토파네스/최현
169	세네카 희곡선	세네카/최 현
170	테렌티우스 희곡선	테렌티우스/최 현
171	외투·코	고골리/김영국
172	카르멘	메리메/김지옥
173	방법서설	데카르트/김진욱
174	페이터의 산문	페이터/이성호
175	이해사회학의 카테고리	막스 베버/김진욱
176	러셀의 수상록	러셀/이성호
177	속악유희	최영년/황순구
178	권리를 위한 투쟁	R 예링/심윤종
179	돌과의 문답	이규보/장덕순
180	성황당(외)	정비석
181	양쯔강(외)	펄 벅/김병걸
182	봄의 수상(외)	조지 기싱/이창배
183	아미엘 일기	아미엘/민희식
184	예언자의 집에서	토마스 만/박환덕
185	모자철학	가드너/이창배
186	짝 잃은 거위를 곡하노라	오상순
187	무하선생 방랑기	김상용
188	어느 시인의 고백	릴케/송영택
189	한국의 멋	윤태림
190	자연과 인생	도쿠토미 로카/진웅기
191	태양의 계절	이시하라 신타로/고평국
192	애서광 이야기	구스타브 플로베르/이민희
193	명심보감의 명구 191	이응백
194	아큐정전	루쉰/허세욱
195	촛불	신석정
196	인간제대	추식
197	고향산수	이해송
198	아랑의 정조	박종화
199	지사총	조선작
200	홍동백서	이어령
201	유령의 집	최인호
202	목련초	오정희
203	죽은	송영
204	쫓겨난 아담	유치환
205	카마쓰트라	바스야야나/송미영
206	한 가닥 공상	밀른/공덕룡
207	사랑의 생가악네	우치무라 간조/최현
208	황무지 공원에서	유달영
209	산정무한	정비석
210	조선해학 어수록	장한종/박훤
211	조선해학 파수록	부묵자/박훤
212	용재총화	성현/정종진
213	한국의 가을	박대인
214	남원의 향기	최승범
215	다듬이 소리	채만식
216	부모 은중경	안춘근
217	거룩한 본능	김규련
218	연주회 다음 날 우치다	핫켄/문희정
219	갑사로 가는 길	이상보
220	공상에서 과학으로	엥겔스/박광순
221	인도기행	H. 헤세/박환덕
222	신화	이주홍
223	게르마니아	타키투스/박광순
224	김강사와 T교수	유진오
225	금강산 애화기	곽말약/김승일
226	십자가의 증언	강원룡
227	아네모네의 마담	주요섭
228	병풍에 그린 닭이	계용묵
229	조선책략	황준헌/김승일
230	시간의 빈터에서	김열규
231	밖에서 본 자화상	한완상
232	잃어버린 동화	박문하
233	붉은 고양이	루이제 린저/홍경호
234	봄은 이 곳에 심훈(외)	
235	청춘예찬	민태원
236	낙엽을 태우면서	이효석
237	알랭어록	알랭/정봉구
238	기다리는 마음	손우성
239	난중일기	이순신/이민수
240	동양의 달	차주환
241	경세종(외)	김필수(외)
242	독서와 인생	미키 기요시/최현
243	콜롬바	메리메/송태효
244	목축기	안수길
245	허허선생	남정현
246	비늘	윤흥길
247	미켈란젤로의 생애	로맹 롤랑/이정림
248	산딸기	노천명
249	상식론	토머스 페인/박광순
250	베토벤의 생애	로맹 롤랑/이정림
251	얼굴	조경희
252	장사의 꿈	황석영
253	임금 노동과 자본	카를 마르크스/박광순
254	붉은 산	김동인
255	녹향문	조영희
256	호반·대학시절	T.슈토름/홍경호
257	맥	김남천
258	지하촌	강경애
259	설국	가와바타 야스나리/김진욱
260	생명의 계단	김교신
261	법창으로 보는 세계명작	한승헌
262	톨스토이의 생애	로맹 롤랑/이정림

www.bumwoosa.co.kr TEL 031)955-6900